文史哲學集成

蔡廷吉著

賈誼研究

文史哲出版社印行

文史哲學集成 (113)

賈誼研究

著者：蔡廷吉

出版者：文史哲出版社

登記證字號：行政院新聞局局版臺業字〇七五五號

發行所：文史哲出版社

印刷者：文史哲出版社

臺北市羅斯福路一段七十二巷四號

郵政劃撥儲金帳戶一六九九五號

電話：三五一一〇二八

實價新台幣三四〇元

中華民國七十三年六月初版

序言

漢儒賈誼，其政論、思想、辭賦，皆上承往哲，中切時弊，開兩漢不尚玄談，惟務經世之風。雖不獲重用於時，然對西漢政治之實際影響，既深且巨；而歷代帝王人格之形成亦深受其指引。每讀其傳其書，輒掩卷而嘆，心儀其才識膽氣，思一探其學說之究竟。惜前賢論之者少，有獨到之見者，又未詳及其全：如清代學者泰州王耕心之「賈子次詁」，對賈誼新書，校注已較詳盡，唯於賈誼作品眞僞之考辨，思想之闡揚，未克深入；近人祁玉章氏著「賈子探微」及「賈子新書校釋」，所釋益詳，於賈子思想亦已不只窺其端倪而已，惟深博之外，則仍有微闕焉；徐復觀氏著「賈誼思想的再發現」重在探討賈誼之學術思想，新書之其他方面則甚少涉及；王師更生著「賈誼學述三編」，於賈誼生平考證，思想抉發，新書板本校勘等，皆遠較前人詳盡完善，惟於新書之眞僞辨證尙付闕如；蔡尙志氏著「賈誼研究」，意在對賈誼作全面介紹，致未能詳及其思想；至於吳美惠氏之「賈誼研究」，則謂新書爲僞作，所持論據不無可議。揆諸上情，筆者乃蒐集有關資料，反覆鑽研，整理剖析，擬將賈誼生平政論作一完整而有系統之介紹，顯其膽識，耀其聲光，俾有助於世之欲知其世，論其人者。本書凡引新書原文，以祁玉章氏著「賈子新書校釋」爲主，並參酌其他善本，斟酌損益，而後編入。遇有正誤、補脫、疑闕，則分別以（）、〔〕、□，等號標示之。凡引用參考書原文，均注明其出處，直接引述者，爲行文方便，僅列其書名篇章，間接引述者，均於每章之後，詳明出處。其有未盡者，則爲學殖所限，力有不達，幸博雅君子，敎之正之！

賈誼研究　目次

第一章　賈誼傳略

第一節　生　平

賈誼，西漢河南郡洛陽人（今河南省洛陽縣），生於漢高帝七年（公元前二〇〇年），卒於漢文帝十二年（公元前一六八年），年三十有三。

誼少通諸子百家之書，年十八，即以能誦詩屬書，聞於郡中。其時河南守吳公，崇法務實，勤政愛民，留心文事，聞其秀才，召置門下，甚幸愛。吳公與李斯同邑，且師事李斯，文帝以其「治平爲天下第一」，徵以爲廷尉。吳公愛誼才，薦之於文帝，稱誼「頗通諸子百家之書」，帝遂召以爲博士。時賈誼年僅二十有二。自此，賈誼於朝廷漸露頭角。漢初開國元勳及朝中股肱，多爲武人，未闇文事，每詔令議下，諸老先生未能言，賈誼盡爲之對，各如諸老先生之意，衆乃以賈誼爲能。而其識見之卓越，辭采之博雅，亦深獲文帝歡心，一歲中竟超遷至太中大夫，可謂不次之擢，恩寵異常。賈誼爲感文帝知遇之恩，乃殫精竭慮，知無不言，言無不盡，屢獻興革之議，以爲漢興至孝文二十餘年，天下和洽，宜改正朔，易服色，法制度，定官名，乃草具其儀，色上黃，數用五，爲官名，欲以易秦制。雖文帝囿於時勢，謙讓未遑，然仍頗讚許。

初，高祖以爲秦之速亡，病在不行封建，因兼採封建郡縣之制。其後韓信，韓王信，貫高，陳豨彭越、黥布，盧綰等皆因叛而被誅夷，於是異姓諸侯次第消滅，遂改封同姓子弟，以屏障王室，並刑白馬爲盟，非劉氏及無功非上所置者，不得爲王侯（註一）。唯諸侯王多留居京師，不回封地，賈誼以爲不可，乃奏請悉遣就國；文帝於是詔令列侯各赴其封地，爲吏及詔止者，則遣其太子就國（註二）。

漢初，戰火之餘，農村殘破，民生凋敝，故於經濟上採放任政策，薄賦稅，輕傜役，與民休息者二十餘年。文帝以外藩入主中央之際，民生已疾速復蘇，戰國時代之工商習氣風尚死灰復燃，人民率皆捨本逐末，奢泰相競。賈誼乃諫曰：

生之有時，而用之無度，則物力必屈。古之爲天下者（至孅）至悉也，故其蓄積足恃。今背本而趨末，食者甚衆，是天下（之）大殘（也）；從生之害者甚盛，是天下之大賊也；汰流淫佚，侈靡之俗日以長，是天下之大（祟）也。殘賊公行，莫之或止，大命泛敗，莫之振救，何計者也，事情安所取？生之者甚少，而靡之者甚衆，天下之勢，何以不危！（註三）。

文帝乃開籍田，躬耕以勸百姓，并賜天下民田租之半（註四）。

帝既喜賈誼才識過人，擬任以公卿之位。無奈時運不濟，大臣周勃、灌嬰、張相如、馮敬等忌之，於文帝前進讒曰：「洛陽之人，年少初學，專欲擅權，紛亂諸事」。賈誼以一介書生，豈能與權重勢大諸老臣爲敵？賈誼在朝之陷於孤立，可想而知。文帝三年（公元前一七七年）冬十一月，帝以「丞相朕之所重，其爲朕率列侯之國」爲由，詔免丞相周勃，遣就國。既而謫賈誼爲長沙王太傅（註五）。竊謂文帝之遠賈誼，似爲鍾愛其才，不忍其爲諸元老所危害，擬暫挫其剛銳之鋒芒，富其歷練，俾其成大器，而留待日後之重用者。誼之得意於朝廷，爲時不過年餘。

長沙於漢時屬未開闢之地，賈誼既辭往行，聞長沙卑濕，自謂壽不得長；又以謫去，意不自得。及渡湘水，憐屈原之忠而見謗，懷才而不見納，復感己身之不遇，遂作賦以弔屈原，兼以自弔。

文帝五年，以呂后改鑄之五分錢益多而値輕，乃更鑄四銖。（號稱重半兩），並解除盜鑄錢文之禁令，任由人民採銅自鑄，致錢文大亂。斯時又逢太中大夫鄧通得寵，皇上欲致通富（註六），乃賜以蜀嚴道銅山，任其鑄錢。另吳王劉濞又招集天下亡命之徒，據豫章銅山鑄錢。於是鄧、吳之錢布天下，幣制益亂。賈誼乃言放民鑄錢之弊端於文帝，惜文帝未納其議。銅布篇云：

故不禁鑄錢，則錢常亂，黥罪日積，是陷阱也。且農事不爲，有疑爲蓄，故民鑄錢，不可不禁。上禁鑄錢，必以死罪鑄錢者，禁則錢必還重，錢重則盜鑄錢者起，則死罪又復積矣，銅使之然也。故銅布於下，其禍博矣。今博禍可除，七福可致，……今顧退七福而行博禍，可爲長太息〔者〕。

是年爲賈誼淹留長沙之第三年，有鴞飛入其舍，止於坐隅，楚人命鴞曰鵩，賈誼既感前途之虛幻無常，乃作鵩鳥賦以自廣。是時之賈誼，對人生悲苦已能超脫，文中展露一片順天安命之達觀思想，不復見初謫時悲憤不平之氣矣。

賈誼之遠謫，實出於高帝元勳重臣之逼迫，非因文帝不欲重用。故被貶逐後，文帝仍眷懷不已，終於文帝六年徵賈誼入京。時文帝方受釐宣室。因感鬼神事，而問鬼神之本。賈誼具道其所以然之狀。至夜半，文帝前席。既罷，曰：「吾久不見賈生，自以爲過之；今不及也。」在外淹留四年之後，方蒙文帝徵召入京。唯文帝並未詢以邦國大計，只問及鬼神之事，良可悲也。因而李商隱曾作詩爲之不平曰：「宣室求賢訪逐臣，賈生才調更無倫，可憐夜半虛前席，不問蒼生問鬼神。」

不久，即拜爲梁王太傅。賈誼隨梁王赴任，遠離京師，直到去世前一年爲止。梁懷王乃文帝少子，愛讀書。賈誼獲遷爲文帝愛子師傅，足知文帝對賈誼仍極器重，未予重用，時勢使然也。呂晚村論賈誼云：「文帝之時，其左右朝廷決天下大計者，皆與高祖披荆斬棘，共起山澤者也！否則皆先所擢之岩穴，而用之廊廟者也。其出就侯國者，皆天子之叔伯兄弟也。否則皆功臣之後也。一旦以少年布衣加于老成貴介之上，而且欲裁抑勳舊，損削侯王，大或至於召亂，小亦必至於讒沮，是不得用臣之福，而先受臣之禍，欲行其言，而並不得保其身也。是故，出老其才，靜以俟其用，計絳、灌諸臣衰退之年，當賈生强邁之月，於是舉而面授之，此之謂明君用臣之心也。」（註七）已道盡文帝用心之苦。

時，文帝數以政事垂詢誼，賈誼乃上疏陳治安策（註八），舉凡政治、經濟、社會、教育、外交諸問題，無不慷慨陳詞。是時匈奴彊横，常侵邊，漢雖用和親納幣之策，仍無法安之撫之，賈誼認爲治匈奴，啗之以利，以求暫安，實非良策。應積極有爲，以武力止其來侵。故主張「建三表，設五餌」（註九）。又鑒於當時制度疏闊，諸侯僭分，地過古制，恃親貴而驕橫，恃勢大而不遜，實爲天下之大患，遂力主削藩，云：「欲天下治安，莫若衆建諸侯而少其力，力少則易使以義，國小則無邪心。」（註一〇）又云：「（令）海內之勢，如身之使臂，臂之使指，莫不制從。諸侯之君，……不敢有異心，輻湊並進，而歸命天子。」（註一一）蓋制地定制，地削權分而力小，宗室子孫又莫慮不王，則下無背叛之心，而天下不亂矣。此外如教育太子，移風易俗，勸農務本，崇尚禮治，端正風俗，以刑輔德，皆爲匡濟時弊之讜論。此策高瞻遠矚，明治亂之本，故劉向稱其「通達國體，雖古之伊管未能遠過。」實非溢美之詞。惜其英才未得施展，竟憂傷而死，徒成空有抱負之政論家，誠令人扼腕。然如文帝當時採納其議，强行削藩之策，則誼之遭遇或將與鼂錯同，故誼之不得志，實亦不幸中之大幸也。

文帝八年（公元前一七二年）夏，封淮南厲王長子四人爲列侯：安爲阜陵侯，勃爲安陽侯，賜爲周陽侯，良爲東城侯。賈誼諫，文帝不聽，復封淮南厲王四子皆爲王（註一二），誼以「淮南王之悖逆亡道，天下孰不知其辠？……今奉尊罪人之子，適足以負謗於天下耳。」（註一三）期期以爲不可，乃諫云：

今陛下將尊不億之人，予以衆積之財，此非有白公子胥之報於廣都之中者，即疑有鱄諸荆軻起於兩柱之間，其策安便哉？此所謂假賊兵爲虎翼者也，願陛下留意計之！（註一四）。

其後（文帝十一年），梁懷王入朝不謹，墮馬死，無子，國當除。賈誼上疏請擧淮南地以益淮陽王，並爲梁王立後，以破諸侯之異心，而固帝王萬世之業。其辭云：

陛下卽不定制，如今之勢，不過一傳再傳，諸侯猶且人恣而不制，豪植而大强，漢法不得行矣。陛下所以爲蕃扞及皇太子之所恃者，唯淮陽代二國耳。代北邊匈奴，與强敵爲鄰，能自完則足矣，而淮陽之比大諸侯，僅如黑子之著面，適足以餌大國耳，不足以有所禁禦。方今制在陛下，制國而令子適足以爲餌，豈可謂工哉！人主之行異布衣。布衣者，飾小行，競小廉，以自託於鄉黨，人主唯天下安社稷固不耳。高皇帝瓜分天下以王功臣，反者如蝟毛而起，以爲不可，故斬去不義諸侯而虛其國。擇良日，立諸子雒陽上東門之外，畢以爲王，而天下安。故大人者，不牽小行，以成大功。

今淮南地遠者或數千里，越兩諸侯，而縣屬於漢。其吏民繇役往來長安者，自悉而補，中道衣敝，錢用諸費稱此，其苦屬漢而欲得王至甚，逋逃而歸諸侯者已不少矣。其勢不可久。臣之愚計，願擧淮南地以益淮陽，而爲梁王立後，割淮陽北邊二三列城與東郡以益梁；不可者，可徙代王而都睢陽。梁起於新郪以北著之河，淮陽包陳以南揵之江，則大諸侯之有異心者，破胆而不敢謀。梁足以扞齊、趙，淮陽足以禁吳、楚，陛下高枕，終亡山東之憂矣，此二世之利也。當今恬然，適遇諸侯之皆少，數歲之後，陛下且見之矣。夫秦日夜苦心勞力以除六國之禍，今陛下力制天下，頤指如意，高拱以成六國之禍，難以言智。苟身亡事，畜亂宿禍，孰視而不定，萬年之後，傳之老母弱子，將使不寧，不可謂仁。臣聞聖主言問其臣而不自造事，故使人臣得畢其愚忠，唯陛下裁幸！（註一五）。

文帝於是從誼計，乃徙淮陽王武爲梁王，北界泰山，西至高陽，得大縣四十餘城；徙城陽王喜爲淮南王，撫其民。後十五年（景帝三年）……吳、楚七國之亂，幸賴梁王堅守睢陽，以拒吳楚之兵，使吳楚不得西向長安，卒爲周亞夫所滅，果應「淮陽足以禁吳楚」之言。

自梁王墮馬死後，賈誼自傷爲傅無狀，居常哭泣，歲餘，亦鬱鬱以終，享年三十有三。遺新書五十八篇，賦七篇，今存者不全（詳見第二章第四、八節）。

賈誼有孫賈嘉，武帝嘗舉爲郡守，昭帝時並位至九卿。稽諸史册，賈誼之嗣，頗能纘其遺緒，不唯兩漢之際史不絕書，下逮唐宋，亦多顯於西北諸郡。

王師更生云：「稽其後嗣之隆替，則累世相承，皆有以自見，其寖微之學，近世通儒亦頗有推闡其說者，平陂往復之際，殆猶有所謂天道者邪，烏虖！豈偶然哉！」（註一六）賈誼謀國之忠，耿耿昭明，雖身未能顯於當時，後世子孫貴顯之多若是，有德者必有後也。

有關賈誼後嗣，清王耕心賈子次詁末有賈子後嗣考，王師更生認其「明世繫，說故實，頗具條貫」，於其所著賈誼年表證補附錄中特擇要錄之。玆因其頗具參考價值，轉錄如下：

賈嘉者，賈子之孫也，孝武帝立，慕賈子之爲人，舉其孫二人皆至郡守，嘉通尚書，尤以好學著，賈子之世賴以不墜，至孝昭時列爲九卿。

賈捐之，字君房，賈子之曾孫也。元帝初，上書言得失，召侍金馬門。當是時，帝以珠厓數反，與有司議，大發軍。捐之建議以爲不當擊，帝使詰之，捐之以書對，其言深切，帝從之，珠厓由是罷。捐之數得召見，言多納用。時中書令石顯用事，而捐之數短顯，以故不得官，進見亦寖疏。長安令楊興者與捐之交善，因共議更相薦譽，以希進用。捐之復短石顯，興曰，顯鼎貴，上信用之，今欲進，弟從我計，且與合意，卽得入矣。捐之乃與興共爲薦顯奏，又共爲薦興奏。石顯聞而陷之，由是獲罪，竟坐誅。捐之雖以躁進敗，而下筆言語妙天下，文辭之美有足稱者。

賈光，賈子之六世孫也，爲常山太守，孝宣時始以吏二千石自洛陽徙平陵。

賈徽，賈子之八世孫，光之孫也。從劉歆受左氏春秋，兼習國語，周官，又受古文尚書於塗惲，學毛詩於謝曼卿，著左氏條例二十一篇，以經術名當世。

賈逵，字景伯，賈子九世孫，徽之子也。弱冠能誦左氏傳及五經本文。以大夏侯尙書敎授，雖爲古學，兼通五家穀梁之說，尤明左氏傳，國語，爲之解詁五十一篇。建初元年，詔逵入講白虎觀南宮雲臺，帝善逵說，使出左氏傳大義長於二傳者，逵於是具條奏之，帝嘉之。逵數爲帝言古文尙書與經傳爾雅詁訓相應，詔令撰歐陽大小夏侯尙書古文同異，逵集爲三卷，帝善之，復令撰齊魯韓詩與毛氏異同，並作周官解詁，其所著經傳義詁及論難百餘萬言，又作詩、頌、誄、書、連珠、酒令凡九篇，學者宗之，稱爲通儒。然不修小節，當世亦以此頗譏焉，永元十三年卒，時年七十二，子二皆爲太子舍人。

第二節　治學

史記賈生列傳云：「誼頗通諸子百家之書。」漢書賈誼傳云：「誼頗通諸家之書。」由是可知賈誼治學，非僅專治一家之言而已。新書中除引用詩、書、易、禮之言及左氏傳事，以銓證其說理外，儒、道、法、墨諸子之言亦多所徵引，前人列誼爲雜家，非無故也。近人戴君仁氏論賈誼的學術並及其前後的學者云：

他的著作五十八篇，漢書藝文志列入儒家，據此可以說他的基本思想是儒家的。而他又「頗通諸子百家之書」，所以混合了諸家，他的文章，帶縱橫家的氣味；奏疏中引用黃帝，是道家的語言；建議「改正朔，易服色，色上黃，數用五」，是陰陽家的論調；而主張制裁諸侯王，又是法家的作風。從他的言論，可以證明他的思想是混合的。

此段評語，頗爲中肯，就賈誼全部作品中去考究，其學術思想，或植根於儒家而旁及雜家思想，或立基於道家而落實於儒家思想（詳見第四章賈誼之思想淵源），其所以如此，乃時勢所造成。蓋漢初行黃老之治，道家學說盛行，而文帝亦喜刑名之學，其施政係以道家寬大清靜無爲之精神爲體，行法家循名責實之主張，任「治平爲天下第一」之吳公爲廷尉，吳公與李斯同邑，且嘗師事李斯，李斯由儒而法，吳公蓋亦法家者流。賈誼既見知於吳公，召置於吳公門下，當亦知法家之學，太史公自序亦云：「賈生晁錯明申商」。由此可知賈誼所治之學，乃漢初以「駁雜不純」爲特色之學。賈誼之能融熔諸家學說於一炉，形成其獨特之學術地位，則係出自其優越之稟賦及後天之力學。

賈誼之左氏春秋學，有謂師承自張蒼者，亦有持異議者。漢書儒林傳云：「北平侯張蒼及梁太傅賈誼，京兆尹張敞，太中大夫劉公子，皆修左氏傳，誼爲左氏傳訓詁。」僅謂賈誼修左氏傳，著有左氏傳訓詁，未言其傳自何人。言傳自張蒼者，蓋出唐陸德明之經典釋文序錄，其說云：「左邱明作傳以授曾申，申傳衞人吳起，起傳其子期，期傳楚人鐸椒，椒傳趙人虞卿，卿傳同郡荀卿名況，況傳陽武張蒼，蒼傳洛陽賈誼。」

持異議者如近人徐復觀氏，在其兩漢思想史卷二：「賈誼思想的再發現」一文中云：「張蒼『推五德之運，以爲漢當水德之時，尙黑如故』。『魯人公孫臣上書，陳終始傳五德事，言方今土德時……當改正朔服色制度。天子下其事，與丞相（張蒼）議。丞相推以爲今水德始用，正十月，上黑色。以爲其（公孫臣）言非是，請罷之。』若賈生習左氏，乃傳自張蒼，則賈誼對此問題之觀點何以跟公孫臣相同，而與張蒼相異？」（註一七）。徐教授認爲漢初儒家尙未獨專，五經尙未立爲學官，各家學派皆可自由修習，非必有常師也。

王師更生雖於其所著賈誼年表證補一文（孝文帝元年）稱：「賈誼受學於張蒼。陸德明經典釋文序錄云：『左氏傳陽武張蒼授洛陽賈誼。』汪中賈誼年表後案亦云：『據百官公卿表蒼於高后八年由淮南丞相入爲御史大夫，明年而文帝卽位，賈生受學於蒼，必在其時矣。』」然對此問題仍提出質疑，其觀點與徐教授略同。王師云：

以上我們對賈誼師事張蒼的推測，表面上看是時地脗合，相當合理；不過，如從另一個角度去詳加追索，這中間也並不是毫無破綻可說。例如史記張丞相列傳，記載張蒼擔任丞相十餘年，魯人公孫臣上書言漢以土德王，當有黃龍出現；結果詔下張蒼議，而張蒼是一個博通曆法的專家，又堅持遵行秦代顓頊曆的實力份子，所以他認爲漢以水德王，色尙黑……斥公孫臣的推算不對。不料在文帝十五年（西元前一六五年）春，果有黃龍見於成紀（屬隴西縣），於是文帝下詔議郊祀，召公孫臣爲博士，草土德時曆，改制更年，張蒼由此被黜，這實在是當時震動朝野的一件大事。反觀賈誼卻早在文帝二年（西元前一七八年）的時候，就以爲漢興已二十多年，理當改訂曆法，更換服色，到文帝十五年黃龍出現的時候，賈誼雖已辭世三年，但卻證明了一個事實，那就是賈誼與公孫臣的看法先後不謀而合，和張蒼的一貫立場發生了嚴重的衝突，所以司馬遷就不禁感慨的問：「張蒼好律曆，是漢朝有名的宰相，但卻反對賈誼，公孫臣言正朔、服色的事，專門遵行秦時的顓頊曆，這到底是甚麼原因？」我們從這些蛛絲馬迹去找張蒼和賈誼的關係，不但搭不上師生的情誼，在思想上簡直是此疆彼界，形成尖銳的對立。由此看來，唐初陸德明經典釋文序錄上，記載的春秋左氏傳的傳授統緒，其可信的程度究竟如何？恐怕還値得今人做進一步的探索（一八）。

由此可見，賈誼之習左氏，不必傳自張蒼，否則漢書儒林傳不應略其傳授關係，徐復觀先生以爲

「後人常以五經博士出現以後的師承家法的情形，加在以前的經學傳承上去，每經都安放一條直線單傳的系統，一若每代只有一人傳習，這都是出於傅會而非常不合理的。」（註一九）證諸左氏傳終前漢之世，未得立博士之情形，徐王二教授對經典釋文序錄之懷疑，實足資參考。

第三節　師　友

賈誼學殖醇厚，德業早成，當亦有得於師友者。爰述其交遊，以見師友輔翼之功。與賈誼一生關係密切之重要人物，除文帝、長沙王、梁王外，當推吳公、張蒼、宋忠諸人。茲分述之：

一、吳　公

吳公，汝南郡上蔡人，初爲河南守，聞賈誼秀才，召置門下，甚幸愛。文帝初立，聞河南吳公治平爲天下第一，故與李斯同邑，而嘗師事焉，徵以爲廷尉，廷尉乃言誼年少，頗通諸家之書，文帝召以爲博士。是時，誼年二十餘，最爲少，每詔令議下，諸老先生未能言，誼盡爲之對，人人皆覺適如其意，諸生於是以爲能，文帝悅之。（註二〇）吳公乃賈誼入宦途之引薦者，王師更生甚且謂吳公乃賈誼之授業師，足見其與賈誼之關係，至深、至篤。王師云：

在那個講究師承的時代，他似乎也不可能有自學成功的機會。那麼既然如此，賈誼的老師到底是誰？本人以爲是擔任河南太守的吳公。吳公爲上蔡人，曾經師事李斯，史載李斯與韓非是荀卿的及門高足，吳公又授業於李斯，這實在是學術淵源，其來有自。吳公必是一位法家而兼與我儒有密切關係的學者，他對賈誼不僅在政治上給予有效的獎掖，同時在學術上也給他直接的指導，所以這樣說來，賈誼便成了荀卿子的四傳弟子。這個道統關係，雖然不見於正史的記述，但我們就憑著他們之間的經久相處，以及在陸氏釋文不盡可信的情況下，這種推測，應該說是大膽而合理的。（註二一）

二、張　蒼

蒼、陽武人，好書律曆，秦時爲御史，主柱下方書。漢王還定三秦，命蒼爲常山守，以代相有功，封爲北平侯，遷爲計相。是時蕭何爲相國，而蒼乃自秦時爲柱下御史，明習天下圖書計籍，又善用算律曆，故令蒼以列侯居相府，領主郡國上計者。十四年，遷爲御史大夫，文帝四年（公元前一七六年），代灌嬰爲丞相。蒼爲丞相十餘年，至孝景五年（公元前一五二年）薨，謚曰文侯（註二二）。文帝立，賈誼因河南郡守吳公之推薦，由洛陽到長安，與張蒼同朝共事；而賈誼久慕張蒼在學術上之成就，遂往就教，甚至繼承衣缽，亦是可能之事。

按：漢書儒林傳稱誼爲左氏傳訓詁。又唐陸德明經典釋文序錄云：「左邱明作傳以授曾申，申傳衞人吳起，起傳其子期，期傳楚人鐸椒，椒傳趙人虞卿，卿傳同郡荀卿名況，況傳陽武張蒼，張傳洛陽賈誼。」然此說不可盡信，詳前。

三、宋 忠

文帝時，宋忠爲中大夫，賈誼爲博士，同日俱出洗沐，相從論議，誦易先王聖人之道術，究徧人情，相視而歎。賈誼曰：「吾聞古之聖人，不居朝廷，必在卜醫之中。今吾已見三公九卿朝士大夫，皆可知矣。試之卜數中以觀采。」二人卽同輿而之市，游於卜肆中。（註二三）

按：文帝時，賈誼、宋忠兩人嘗同詣卜者司馬季主於卜肆，司馬季主爲之言古明王聖人之道，別賢不肖之分，蓋所以戒其浮華誇虛也。其言云：

故騏驥不能與罷驢爲駟，而鳳凰不與燕雀爲群，而賢者亦不與不肖者同列。故君子處卑隱以辟衆，自匿以辟倫，微見德順以除群害，以明天性，助上養下，多其功利，不求尊譽，公之等喁喁者也。何知長者之道乎？（註二四）

賈誼用世未深，血氣方剛，雖有「爲人主計而不審，身無所處」（註二五）之慨，然終以爲卜者之事「何足預彼哉！」蘇東坡賈誼論亦云：「觀其過湘爲賦，以弔屈原，紆鬱憤悶，趯然有遠舉之志，其後卒以自傷哭泣，至於死絕。是亦不善處窮者也。夫謀之一不見用，安知終不復用也？不知默默以待其變，而自殘至此。」（註二六）故太史公譏之爲「務華絕根者也」（註二七）。蓋年少氣盛者，難知韜光養晦之可貴也。

附賈誼年表

年次	西元前	行誼	大事	備考
漢高帝七年	二〇〇	賈誼生，一歲。		
十二年	一九五	六歲。	高祖崩。	
惠帝元年	一九四	七歲。	惠帝卽位，都長安城。	
四年	一九一	十歲。	除挾書禁律。	
高后二年	一八六	十五歲。	行八銖錢。	
五年	一八三	十八歲。 一、以能誦詩書屬文稱於郡中，河南守吳公召置門下，甚幸愛。 二、賈誼因學法家之學於吳公。		見前文「治學」一節。
文帝元年	一七九	一、文帝召誼爲博士，歲中超遷至太中大夫。 二、可能受左傳於張蒼。	文帝初立，聞吳公治平爲天下第一，徵爲廷尉。	見陸德明經典序等。

二年	一七八	三、可能此年上過秦論，言亡秦之失及人君不知廣開言路與臣下共治之傷。 二十三歲。請改正朔，易服色，法制度，定官名，興禮樂，乃悉草具其事儀法，色尚黃，數用五，爲官名，悉更秦法。帝未遑施行。	一、冬十月，詔令列侯就國。 二、冬十一月，詔令天下舉賢良方正能直言極諫者，以匡朕之不逮。	
三年	一七七	二十四歲。賈誼謫遷於長沙，爲長沙王太傅，及渡湘水，意不自得，爲賦以弔屈原，因以自諭，乃自傷也。		見王師更生賈誼年表證補，前文「生平」一節及註五說明。
四年	一七六	二十五歲。絳侯謀反。賈誼因上書譏上，	一、絳侯周勃逮詣廷尉詔獄，卒復爵位。	

		上深納其言，養臣下有節。是後，大臣有罪，皆自殺，不復受刑。	三、御史大夫張蒼爲丞相。	
五　年	一七五	二十六歲。文帝除盜鑄令，賈誼上書極諫，上弗聽。	廢五分錢，行四銖錢。文亦曰：「半兩」。	
六　年	一七四	二十七歲。一、帝思賈誼，徵之入京，上方受釐，見於宣室。因問鬼神災祥之本，賈誼具道其所以然之故。二、文帝拜賈誼爲梁懷王太傅，數問以得失。三、帝數問以時政之得失，賈誼乃上疏陳治安之策。	一、梁懷王揖入朝。二、淮南王劉長死於雍。	
七　年	一七三	二十八歲。		按清錢大昭漢書辨

八年

一七二

一、作「鵩鳥賦」以自寬。

二、作「惜誓」重發貶謫之怨。

二十九歲。文帝封淮南厲王長四子爲列侯。賈誼上疏「諫王淮南諸子疏」。

疑卷十七引談泰云：「依三統術超辰法推之，孝文六年太歲在丙寅，單閼之歲是七年也。」依談說「鵩鳥賦宜作於是年。近人高平子於與施之勉先生論賈誼鵩賦「單閼之歲」一文中，亦考辨「鵩賦」爲是年所作。

九年	一七一	三十歲。		
十年	一七〇	三十一歷。匈奴彊侵邊，天下初定，制度疏濶，諸侯僭儗，地過古制，諸侯多逆誅，賈誼未雨綢繆，數上疏條陳政事，多所擘畫。		
十一年	一六九	三十二歲。一、賈誼以二千石隨梁王入朝。六月，梁懷王墮馬死。二、上疏「請益封梁淮陽」又上「請封建子弟疏」，帝從之。		
十二年	一六八	三十三歲。一、上「重農積貯疏」。二、梁王死，賈誼自傷「爲傅	文帝乃開籍田，躬耕以勸百姓，並賜天下民田租之半。	見王師更生賈誼年表證補。

		無狀」，常哭泣而死。	
十六年	一六四	賈誼死後四年。	文帝思賈誼之言，乃分齊爲六國，盡立悼惠王子六人爲王。又分淮南地爲三國，盡立厲王三子以王之，長子安爲淮南王、勃爲衡山王，賜爲廬江王，所以衆建諸侯而少其力也。

【附　註】

註　一　漢書卷四十王陵傳：「高皇帝刑白馬而盟曰：『非劉氏而王者，天下共擊之。』」同書卷十八外戚恩澤侯表：「漢興，外戚與定天下，侯者二人。故誓曰：『非劉氏不王，若有亡功非上所置而侯者，天下共誅之。』」

註　二　漢書文帝紀，二年冬十月，詔曰：「朕聞古者諸侯建國千餘，各守其地，以時入貢，民不勞苦，上下驩欣，靡有違德。今列侯多居長安，邑遠，吏卒給輸費苦，而列侯亦無繇教訓其民。其令列侯之國，爲吏及詔止者，遣太子。」

註　三　新書卷四無蓄篇。

註　四　漢書卷四文帝紀，二年秋九月，詔曰：「農天下之本也，民所持以生也。而民或不務本而事末，故生不遂。朕憂其然，故今玆親率群臣農以勸之。其賜天下民今年田租之半。」

註　五　賈誼爲長沙王太傅，時當在文帝三年。按司馬光資治通鑑漢紀太宗孝文皇帝中前三年略載：「上議以賈誼任公卿之位，大臣多短之，於是天子復亦疏之，以爲長沙王太傅。」另按宋王益之西漢年紀卷六考異一文略稱：「漢書卷十九百官公卿表，文帝二年，絳侯周勃爲丞相；三年，灌嬰爲丞相，馮敬爲典。四年，灌嬰死，馮敬遷。由上知誼之遠謫當在文帝三年，如非此年，則諸元老將無由譖之矣。」

註　六　漢書卷九十三佞幸傳云：「文帝賞賜通鉅萬以十數，官至上大夫。上使善相人者相通，曰：『當貧餓死。』上曰：『能富通者在我，何說貧？』於是賜通蜀嚴道銅山，得自鑄錢。鄧氏錢布天下，其富如此。」

註　七　呂晚村文集卷六。

註　八　漢書卷四十八賈誼傳：「拜誼爲梁懷王太傅，數問以得失，是時匈奴彊侵邊，天下初定，制度疏濶，諸侯王僭儗地過古制，淮南濟北王皆爲逆誅，誼數上疏陳政事，多所欲匡建。」按司馬光資治通鑑及袁樞通鑑紀事本末均載文帝六年賈誼上陳政事疏。

註　九　新書卷四匈奴篇。

註一〇　新書卷一藩彊篇。

註一一　新書卷二五美篇。

註一二　文帝十六年，上憐淮南王廢法不軌，自使失國早夭……，果立厲王三子，王淮南故地，三分之：阜陵侯安爲淮南王，安陽侯勃爲衡山王，周陽侯賜爲廬江王，幼子東陽侯巳薨，無後，除國。事見漢書四十四淮南衡山濟北王傳。

註一三　漢書卷四十八賈誼本傳。

註一四　新書卷四淮難篇。

註一五　同註十三。

註一六　王師更生著「賈誼學述三編」見林景伊先生六秩誕辰論文集，總頁一一二四三。

註一七　徐復觀氏兩漢思想史，卷二頁一一二。徐文中雙括號內引文分別出自史記張丞相列傳及文帝本紀。

註一八　王師更生「救世愛國的少年賈誼」見中華文化復興月刊第十三卷第八期。

註一九　徐復觀先生兩漢思想史卷二，頁一二一。

註二〇　參見漢書卷四十八賈誼本傳。

註二一　同註十八。

註二二　參見漢書卷四十二，張蒼傳。

註二三　參見史記卷一百二十七，日者列傳。

註二四　同註二三。

註二五　同註二三。

註二六　東坡文集子略卷七。

註二七　同註二三。

第二章 賈誼著述考

賈誼著述，漢書藝文志、隋書經籍志、唐書藝文志、宋史藝文志、清四庫全書總目等均有記載，唯各書記述文字繁簡不一，內容亦有出入。如漢志儒家載「賈誼五十八篇」，詩賦家載「賈誼賦七篇」，隋書經籍志子錄新唐書藝文志子錄儒家類載「賈子九卷」，集錄別集類有「賈誼集二卷」，新唐書藝文志子錄儒家類載「賈誼新書十卷」，集錄別集類載「賈誼集二卷」，宋史藝文志子部雜家類載「賈誼新書十卷」，集部別集類無賈誼集，清四庫提要子部一錄「賈誼新書十卷」。由賈誼之世至今，時代久遠，其中歷經戰亂，書籍多有隕滅，尚存者又多後人竄易之處，今日新書已不復爲漢志著錄之舊觀，研究新書者時起爭議，莫衷一是。

茲就新書名稱、篇卷、眞僞、版本、引經、佚文、新書與漢書關係等考及賈誼辭賦考分別詳列各家之說，並稽其流變，以明其實。

第一節 新書名稱考

新書，漢時但稱「賈誼五十八篇」（註一）陳涉項籍傳贊應卲注云：「賈生有過秦二篇。」應卲係東漢末季人，亦未稱誼之書爲「新書」。考漢書藝文志諸子略之體例，常以人名名其書，如「陸賈二十三篇」，「劉敬三篇」，「賈山八篇」等，則賈誼之書蓋亦如此。名賈誼之書爲「新書」，殆始於南北朝（新唐書藝文志子錄儒家類：賈誼新書十卷。舊唐書經籍志子錄儒家類只云：「賈子九卷」。）梁劉勰文心雕龍諸子篇有「陸賈典語（孫詒讓札迻卷十二云典當作新）」，賈誼新書名稱，孫詒讓札迻賈子新書校條云：「案馬總意林二引此書，題『賈誼新書八卷』，高似孫子略載庾仲容子鈔目同（按庾仲容子鈔云：「賈誼新書九卷」，非八卷。）；則梁時已稱『新書』，不自新唐志始也。」

新書本非專名，清人所見以「新書」名者，尙不僅賈誼一書，如：王耕心賈子次詁翼篇四緒紀下云：

原名「賈子」，宋、元以後諸家刋本，乃改爲「新書」，其義殊不可解。考「新書」爲名，大率以計出無懰，不足奉爲典要，如王荃王氏新書，虞喜志林新書，杜夷幽求新書，晁錯晁氏新書之屬皆是也，其名泛濫已甚。

王氏於「新書」一名，不甚了了，竟以爲新書之名「大率計出無懰，不足奉爲典要」，並以爲是宋元以後刋本所改。孫詒讓氏則有更合理之推測，其札迻卷七賈子新書校條云：

新書者，蓋劉向奏書時所題，凡未校者爲故書，已校定可繕寫者爲新書。楊倞注荀子，末載舊本目錄，劉向叙錄前題荀卿新書十二卷三十二篇；殷敬順列子釋文亦載舊云，列子新書目錄；又引劉向上管子奏稱管子新書目錄。足證諸子古本舊題，大氐如是。

據孫氏所言，「新書」實爲「故書」之對稱，持之有據。清汪中述學載賈誼新書序，亦以爲「稱新書者，劉向校錄所加，如荀卿子稱荀卿新書，見於楊倞序，是其證也。」

孫氏賈子新書校條又云：

若然，此書隋唐本當題賈子新書。（隋唐志著錄稱賈子者省文）蓋新書本非賈書之專名，宋元以後，諸子舊題刪易殆盡，惟賈子尚存此二字，讀者不審，遂以「新書」專屬之賈子，校刋者又去賈子而但稱「新書」，展轉譌省，忘其本始，殆不可爲典要。盧校頗爲精審，而亦沿玆題何也？

按：賈誼新書之名，是否必爲劉向舊題，今已不可深考。惟文心雕龍已稱「賈誼新書」，則可確定王耕心氏「宋、元以後諸家刋本乃改爲新書」，實不可從。孫氏，汪氏之論，大抵有據。

第二節　新書篇名考

一、卷　數

賈誼新書之卷數，史志之著錄如下：

隋書經籍志子錄儒家類載「賈子十卷」。

舊唐書經籍志子錄儒家類載「賈子九卷」。

新唐書藝文志子錄儒家類載「賈誼新書十卷」。

宋史藝文志子部雜家類載「賈誼新書十卷」。

從上列記載，知賈書在舊唐書以前皆爲九卷，新唐書始有十卷之目。

清四庫全書總目提要子部儒家類錄漢賈誼新書十卷。並云：

漢書藝文志儒家，賈誼五十八篇，崇文總目云：『本七十二篇，劉向刪定爲五十八篇，隋唐志皆九卷，別本或爲十卷。』考今隋、唐志皆作十卷，無九卷之說。

提要所謂「隋唐志皆作十卷」，余嘉錫四庫提要辨證云：

謹案今隋志，新唐志固皆作十卷，然舊唐志實作九卷。崇文總目成于慶曆元年（見玉海五十二），而新唐書成于嘉祐五年（見卷首曾公亮表），後於總目者十九年，則總目所引之唐志，自指舊唐志言之；舊志作九卷，新志不妨自作十卷，提要乃以總目校新志，誤矣。高似孫子略錄及玉海卷五十五引隋志均作賈子十卷，錄一卷，是南宋人所見隋志已同今本，亦非明人所追改也。總目多疏略，不可據之以駁隋志。梁庾仲容子鈔有賈誼新書九卷，（據子略引，今意林卷二作八卷，恐是傳寫之誤。）是此書自唐以前，已有九卷、十卷兩本之不同；新舊志各據所見錄之耳。

余氏詳辨提要誤據崇文總目校新唐志之非，大抵可信，是則唐以前確有九卷本，四庫提要或有所未見。

二、篇目

賈誼書，漢志僅載五十八篇之數，未列其篇目，歷代學者大抵皆以漢志五十八篇爲定數，並據以論其書之是非。

明何孟春賈太傅新書篇目下注云：

春固嘗謂事勢，連語，雜事之云，特其五十八篇中之三篇名耳。如事勢之云益治安一疏，首有事勢字，其疏盡名於是篇矣，後人因其書散軼，而幸掇其僅存者，無復倫次，篇析而章裂之，以求足所謂五十八篇之數，遂以事勢概及過秦，繼乃創爲宗首、數寧等名，此豈生之所自名，豈劉子政之所刪定，班孟堅之所取據哉？。

明濳菴子賈子後志云：

其定取舍一條書原闕，今依本傳補入，以足九章之數。

清四庫全書總目子部儒家類云：

今本僅五十六篇，又問孝一篇，有錄無書，實五十五篇，已非北宋之舊。

又云：

疑誼過秦論治安策等本皆爲五十八篇之一，後原文散佚，好事者因取本傳所有諸篇，離析其文，各爲相目，以足五十八篇之數。

清盧文弨重刻賈誼新書序云：

班書藝文志儒家載賈誼五十八篇，今世所行本，其目祇五十六；然過秦有三篇，而唯載上下兩篇，又禮容語宋本分上下兩篇，而本復不分，故視漢志所載缺其二篇。

盧氏又於過秦中篇目下自注云：

建本作過秦下，諸本多同，……宋潭州所刻賈子，作過秦中，今依用之。

盧氏所見潭本，過秦分爲上、中、下三篇，較王應麟玉海所錄多一篇，故雖附本傳，而不入篇數，俾符五十八篇之數。

清汪中賈誼新書序云：

新書五十八篇，漢梁太傅洛陽賈誼撰，今亡一篇，校本傳自凡人之知至胡不引殷周秦事以觀之也，四百三十四字，書亡其文，據以補之，問孝禮容上二篇，有錄無書。

余嘉錫四庫提要辨證—新書云：

按提要所謂今本，蓋明刻本也。

又云：

明本既從建本合過秦中下爲一，又脫去篇目一條（有脫禮容語上者，見盧序。程榮漢魏叢書本則有容語上而脫解縣第二十五，然其文具在，但目錄脫耳。）故爲篇只五十有六，其實較之南宋刻本，文字並無闕佚也。

潭本篇數已與漢書相合，雖闕問孝及禮容語上二篇，目具全，似是五十八篇之舊。然漢書陳涉傳贊應劭注云：「賈生書有過秦二篇，言秦之過。」則潭本分三篇者非是，較漢志篇尚少其一；考治安策中有大戴禮禮察篇文，不見於今本，或正是所闕之一篇歟？汪中校新書嘗據漢書補入之，是也（見述學內篇三）。

綜上所述，可知賈誼之書，歷來皆以五十八篇爲準。其有不足之數或出散軼，或爲合過秦中下爲一，禮容語上下爲一，及脫去目錄。補足之法則爲以漢書有關之敘述，比照新書，加以補充訂定。玆錄宋王應麟玉海，王師更生賈誼著述錄存中所錄江南圖書館藏明正德長沙刋本，及祁玉章氏賈子新書校釋（祁氏敘例云：「本書係取明正德十年吉府本爲底本，此本乃正德九年陸相本之重刻本，潭建二本兼采，是其所長。」）中所列賈誼新書之篇目，以見其梗概。

宋王應麟玉海：

卷一　1.過秦上　2.過秦下　3.宗首　4.數寧　5.藩傷　6.藩彊　7.大都　8.等齊
9.服疑　10.益壤

卷二　11.權重　12.五美　13.制不定　14.審微　15.階級

卷三　16.俗激　17.時變　18.瑰瑋　19.孽產子　20.銅布　21.壹通　22.屬遠

23.親疏危亂　24.憂民　25.解縣　26.威不信

卷四　27.匈奴　28.勢卑　29.淮難　30.無蓄　31.鑄錢

卷五　32.傅職　33.保傅　34.連語　35.輔佐　36.問孝（闕）

卷六　37.禮　38.容經　39.春秋

卷七　40.先醒　41.耳痺　42.諭誠　43.退遜　44.君道

卷八　45.官人　46.勸學　47.道術　48.六術　49.道德說

卷九　50.大政上　51.大政下　52.修政語上　53.修政語下

卷十　54.禮容語上（闕）　55.禮容語下　56.胎教　57.立後義　58.傳

江南圖書館藏明正德長沙刋本

卷一　1.過秦上　2.過秦下　3.宗旨　4.數寧　5.藩傷　6.藩强　7.大都　8.等齊

9.服疑　10.益壤

卷二　11.權重　12.五美　13.制不定　14.審微　15.階級

卷三　16.俗激　17.時變　18.瑰瑋　19.孽產子　20.銅布　21.壹通　22.屬遠

23.親疏危亂　24.憂民　25.威不信

卷四　26.匈奴　27.勢卑　28.淮難　29.無蓄　30.鑄錢

卷五　31.傅職　32.保傅　33.連語　34.輔佐　35.問孝

卷六　36.禮　27.容經　38.春秋

卷七　39.先醒　40.耳痺　41.諭誠　42.退讓　43.君道

卷八　44.官人　45.勸學　46.道術　47.六術　48.道德說

卷九　49.大政上　50.大政下　51.修政語上　52.修政語下

卷十　53.禮容語上　54.禮容語下　55.胎教　56.立後義　57.傳

按：王師更生云：「其中有錄無書者，計第五卷之問孝，與第十卷中之禮容語上二篇。有書無錄者，計第三卷中之解懸一篇。合以上有無併計，適足漢志五十八篇之數。」

祁玉章氏賈子新書校釋

卷一　1.過秦上　2.過秦中　3.過秦下　4.宗首　5.數寧　6.藩傷　7.藩彊　8.大都

9.等齊　10.服疑　11.益壤

卷二　12.權重　13.五美　14.制不定　15.審微　16.階級

卷三　17.俗激　18.時變　19.瑰瑋　20.孽產子　21.銅布　22.壹通　23.屬遠

24.親疏危亂　25.憂民　26.解縣　27.威不信

卷四　28.匈奴　29.勢卑　30.淮難　31.無蓄　32.鑄錢

卷五　33.傳職　34.保傅　35.連語　36.輔佐　37.問孝（原闕）

卷六　38.禮　39.容經　40.春秋

卷七　41.先醒　42.耳痺　43.諭誠　44.退讓　45.君道
卷八　46.官人　47.勸學　48.道術　49.六術　50.道德說
卷九　51.大政上　52.大政下　53.脩政語上　54.脩政語下
卷十　55.禮容語上（原闕）　56.禮容語下　57.胎教　58.立後義　59.傳

第三節　新書眞僞考

一、各家說法

賈子新書內容，歷代學者每多論及，唯因新書時代距今邈遠，流程中或有散逸，加以與漢書本傳之文字，工拙不同，致生若干異論。或信其爲眞，或半信半疑，或疑其爲僞。

㈠信其爲眞

信其爲眞者，以爲內容合於漢書本傳。如：

王應麟漢書藝文志考證卷五云：

今考新書諸篇，其中綴以痛苦者一，流涙者二，太息者四，其餘篇目，或泛論事機而不屬於是三者，如服疑，益壤、權重諸篇是也。班固作傳，分散其書，參差不一，總其大略，自陛下誰憚而久不爲此以上，則取其書所謂宗首，數寧，藩傷，藩彊，五美、制不定，親疏危亂，凡七篇而爲之。自天下之勢方病大腫以下，以爲痛哭之說，與其書合。

潛菴子賈子後志云：

今考其書，前五卷具條奏語，治安策中分爲二十餘篇，次第錯迕，與本傳不協。今頗據傳序定其無蓄、服疑、等齊、銅布四篇，傳所不載，因有流涕長太息字，故序列之。或誼疏本具，班史裁之耳。……後五卷雜引古先禮敎政術語，其大旨良欲以飾治也，誼之通達於是焉在。或疑非誼作，非通論矣。

明朱圖隆賈太傅新書凡例云：

考其所著過秦論，所陳治安策與見之前漢書者，其間繁簡不同，固史氏之斲削，而新書，則賈太傅全文也。

劉師培賈子新書斠補序云：

凡誼傳所載治安策諸疏，以及誼文載入食貨志者，均散見五十八篇中，蓋所上之疏，所著之書，恒旨同而篇別，離合省併，不必盡同。

余嘉錫四庫提要辨證卷十子部一云：

新書分事勢、連語、雜事三類，凡屬於事勢者，皆爲文帝陳政事，不應首篇獨異，即曰新書不足信。故凡載於漢書者，乃從五十八篇之中擷其精華，宜其文如萬選靑錢，後人於此數篇，童而習之，而新書則讀者甚寡；其書又傳脫誤，語句多不可解，令人厭觀，偶一涉獵，覺其皆不如見於漢書者之善，亦固其所。……至謂新書爲取本傳所載，割裂其章段，顚倒其次序，則尤不然。

祁玉章氏賈子探微云：

今考其文雖多增竄，猶時存古文之舊，間値精確，頗足正史，漢諸家文字之疏，禮教諸文，尤多淵懿，不容偏廢也。竊以爲賈子新書綜其內容可分三類，卽事勢、連語、雜事，凡屬於事勢者，皆爲文帝陳政事，至於連語諸篇，則不盡以告君，蓋有與門人講學之語，故先醒篇云：「懷王問於賈君。」而勸學篇首冠以「謂門人學者」五字。其雜事諸篇，則平日所稱述誦說者。凡此皆不必賈子手著，諸子之例，固如此也。至於其間脫爛失次，要爲古書所常有，如賈子卷六問孝篇與卷十禮容語上篇均闕，其他五十六篇中，文失簡脫，割裂顚倒者多有之，不足怪也，陳振孫謂決非賈本書，姚鼐謂妄人僞造，固爲無識，卽四庫提要調停之說，以爲不全眞亦不全僞者，要亦考之未詳也。余嘉錫有言：「夫惟通知古今著作之體，而無蔽於咫尺謏聞，然後可以讀古書矣。」則吾人於賈子篇目之分合以及眞贋之間，自當作如是觀。至於唐魏徵群書治要卷四十引賈子文十四篇，馬總意林卷二節略賈子之文七段，兩者相較，雖間有損益，則賈子五十八篇爲其原書之眞，得此亦可獲一佐證矣。

㈡半信半疑

半信半疑者，認爲新書係經後人補綴改竄，其中部分篇章出於離析其文，以爲標目。如：

清孫志祖讀書脞錄卷四賈誼新書條云：

漢書本傳及食貨志所載諸疏，率多任意增損，或一事而分爲兩篇，疑此其平日論譔，而奏疏則芟薙浮語，鎔鑄偉詞，故其文益茂美。或班氏小有潤色，而新書又間出後人點竄，未可定也。

盧文弨重刻賈誼新書序云：

余謂此書必出於其徒之所纂集，篇中稱懷王問於賈君，又勸學一篇，語其門人，皆可爲明證，但多爲鈔胥所增竄，凡漢書所有者，此皆割裂顚倒，致不可讀，唯傅職、輔佐、容經、道術論政諸篇，在漢書外者，古雅淵奧，非後人所能僞撰，而陳氏反謂其淺駁，豈可謂之知言者哉？

㈢疑其爲僞

疑其爲僞者，以爲是書文辭卑陋，淺駁不足觀，係後人所僞作。如：

宋陳振孫直齋書錄解題卷九云：

非漢書所有者，輒淺駁不足觀，決非誼本書。

清姚姬傳惜抱軒詩文集卷五辨賈誼新書云：

賈生書不久傳矣，世所有云新書者，妄人僞爲者耳。班氏所載賈生之文，條理通貫，其辭甚偉，及爲僞作者分晰，不復成文，而以陋辭駢厠其間，是誠由妄人之謬，非傳寫之誤也。若其文辭卑陋，與賈生懸絕，不可爲量，則知文者可一見決矣。

二、考證

是書眞僞，不宜僅憑臆斷，必須就作品本身加以探究，方爲落實。玆就作品本身之內容分別叙明。

㈠過　秦

班固漢書卷三十一陳勝項籍傳贊云：「昔賈生過秦曰」，顏師古注引應劭說「賈生書有過秦二篇，言秦之過，此第一篇也，司馬遷取以爲贊，班固因之。」考之史記，秦始皇本紀有「善哉乎賈生推言之也」之語，並錄其全文，以今本賈誼新書過秦篇與之相較，除文字秩序稍有不同（今本新書過秦下篇，自「秦兼諸侯山東二十餘郡」至「故曠日長久，而社稷安矣。」史記置於過秦上中之前。）文字略有變動及增減外，餘皆相同，可知此篇顯非後人所僞作。玆列表對照其稍異之處於下：

史記	新書
1.君臣固守「而」窺周室	1.君臣固守「以」窺周室
2.當是時	2.當是時「也」
3.修守戰之「備」	3.脩守戰之「具」
4.孝公既沒，「惠王武王」蒙故業，因遺「冊」，南「義」漢中。	4.孝公既沒，「惠文武昭襄」，蒙故業，因遺「策」，南「取」漢中。

---

5. 收要害之郡
6. 不愛珍器重寶肥「美」之地
7. 相「與」爲一
8. 「當是時」，齊有孟嘗
9. 「幷」韓魏燕楚齊趙宋衞中山之衆
10. 「昭」滑
11. 「兒」良
12. 廉頗趙奢之「朋」制其兵，「常」以十倍之地，百萬之「衆」，「叩」關而攻秦。
13. 九國之師逡巡「遁逃」而不敢進
14. 而天下「諸侯」已困矣
15. 於是從散約「解」，爭割地而「奉」秦。
16. 流血漂「鹵」
17. 分裂「河山」
18. 「延」及孝文王、莊襄王，享國日淺。
19. 及至「秦王」，「續」六世之餘烈。

---

5. 「北」收要害之郡
6. 不愛珍器重寶肥「饒」之地
7. 相「舉」爲一
8. 「當此之時」，齊有孟嘗
9. 「兼」韓魏燕楚齊趙宋衞中山之衆
10. 「召」滑
11. 「倪」良
12. 廉頗趙奢之「屬」創其兵，「嘗」以十倍之地，百萬之「師」，「仰」關而攻秦。
13. 九國之師逡巡而不敢進
14. 而天下已困矣
15. 於是從散約「敗」，爭割地而「賂」秦
16. 流血漂「櫓」
17. 分裂「山河」
18. 「施」及孝文王、莊襄王，享國之日淺。
19. 及至「始皇」，「奮」六世之餘烈。

---

20. 執「棰拊」「以」鞭笞天下
21. 銷鋒鑄鐻，以為金人十二，以弱「黔首」之民
22. 然後「斬」華為城，因河為「津」，據億丈之「城」，臨不測之「谿」以為固。
23. 良將勁弩守要害之處
24. 天下「以」定。「秦王」之心
25. 「秦王」既沒
26. 陳涉甕牖繩樞之子
27. 而遷徙之徒
28. 才「能不」及中人
29. 而「倔」起「什伯」之中，率「罷散」之卒。
30. 「而轉」攻秦
31. 天下雲「集」「響」應
32. 山東豪俊「遂」並起而亡秦族矣
33. 非尊於齊，楚、燕、趙、韓、魏、宋、衛、

---

20. 執「敲朴」「而」鞭笞天下
21. 銷鋒鏑鑄以為金人十二，以弱「天下」之民
22. 然後「踐」華為城，因河為「地」，據億丈「郭」，臨不測之「淵」以為固。
23. 良將勁弩「而」守要害之處
24. 天下「已」定。「始皇」之心
25. 「始皇」既沒
26. 「然」陳涉甕牖繩樞之子
27. 而遷徙之徒「也」
28. 才「不能」及中人
29. 而「俛」起「阡陌」之中，率「疲弊」之卒。
30. 「轉而」攻秦
31. 天下雲「合」「嚮」應
32. 山東豪俊並起而亡秦族矣
33. 非尊於齊、楚、燕、趙、韓、魏、宋、衛、

中山之君
34.非「錟」於句戟長鎩也
35.非「抗」於九國之師
36.功業相反也
37.然秦以區區之地，「千乘之權」，「招」八州而朝同列。
38.仁義不施「而」攻守之勢異也
39.秦併海內，兼諸侯，南面稱帝，以養四海
40.天下之士斐然「鄉」風，若是「者」何也？
41.近古「之」無王者久矣
42.五霸既「歿」
43.彊「侵」弱
44.「既」元元之民冀得安其性命
45.「守」威定功
46.廢王道，立私「權」

中山之君「也」。
34.非「銛」於鉤戟長鎩也
35.非「亢」於九國之師「也」
36.功業相反，「何」也？
37.然秦以區區之地，「致萬乘之勢」「序」八州而朝同列。
38.仁義不施，攻守之勢異也
39.秦「滅周祀」，并海內，兼諸侯，南面稱帝，以四海養
40.天下之士，斐然「嚮」風，若是何也？
41.近古「而」無王者久矣
42.五霸既「滅」
43.强「凌」弱
44.「卽」元元之民冀得安其性命
45.「專」威定功
46.廢王道立私「愛」

47.「禁」文書而酷刑法
48.安「定」者貴順權，「此言」取與守不同術也
49.秦離戰國而王天下
50.是其所以取之「守之者無異」也
51.故其亡可立而待
52.借使秦王「計」上世之事
53.後雖有淫驕之「主」「而」未有傾危之患也。
54.名號「顯」美
55.今秦二世立，天下莫不引領而觀其「政」
56.天下「之嗷嗷」
57.「除」去收帑「汙」穢之罪
58.更節「修」行
59.而以「威」德與天下，「天下集」矣
60.雖有狡「猾」之民

47.「焚」文書而酷刑法
48.安「危」者貴順權，「以此言之」，取其守不同術也
49.秦「雖」離戰國而王天下
50.是以其所以取之也
51.故其亡可立而待「也」
52.借使秦王「論」上世之事
53.後雖有淫驕之「王」，「猶」未有傾危之患也。
54.名號「鮮」美
55.今秦二世立，天下莫不引領而觀其「亡」
56.天下「囂囂」
57.去收帑「汚」穢之罪
58.更節「循」行
59.而以「盛」德與天下「息」矣
60.雖有狡「害」之民

61. 而暴亂之姦「止」矣
62. 二世不行此術，而重「之」以無道。
63. 壞宗廟與民更始作阿房宮。
64. 吏「弗」能紀
65. 百姓困窮而主「弗」收恤
66. 自「君」卿以下
67. 奮臂於大澤而天下「響」應者
68. 知存亡之「機」
69. 是以牧「民之道」，務在安之而已。
70. 天下雖有逆行之臣，必無「響」應之助「矣」。
71. 富有「天下」，「身不免於戮殺者」，正「傾」非也。
72. 秦「幷」兼諸侯山東三十餘郡，「繕」津關，據「險」塞，「修」甲兵而守之，然陳涉「以」戍卒散亂之衆數百。
73. 關梁不「闔」

---

61. 而暴亂之奸「彌」矣
62. 二世不行此術，而重「以」無道
63. 壞宗廟與民更始作阿房「之」宮。
64. 吏「不」能紀
65. 百姓困窮而主「不」收恤
66. 自「郡」卿以下
67. 奮於大澤而天下「嚮」應者
68. 知存亡之「由」
69. 是以牧「之以道」，務在安之而已矣。
70. 下雖有逆行之臣，必無「嚮」應之助。
71. 富有「四海」，「身在於戮者」，正「之」非也。
72. 秦「兼」諸侯山東三十餘郡，「循」津關，據「嶮」塞，「繕」甲兵而守之，然陳涉「率」散亂之衆數百。
73. 關梁不「閉」

74. 曾無藩籬之「艱」
76. 於是山東「大擾」，諸侯並起。
76. 章邯因「以」三軍之衆
77. 「郡」臣之不信
78. 子嬰立，遂不寤
79. 「藉」使子嬰有庸主之材，僅得中佐。
80 秦之地可全而有，宗廟之祀，未當絕也。
81. 豈世世賢哉？
82. 秦小邑并大城，守險塞而軍。
83. 諸侯起於匹夫，以利「合」。
84. 其「下」未附，名「爲」亡秦。
85. 彼見秦阻之難犯也，必退師，「安土」息民。
86. 「收弱抉罷」，以令大國之君。
87. 貴爲天子，富有「天下」。
88. 「其救」敗非也

---

74. 曾無藩籬之「難」
75. 於是山東諸侯並起。
76. 章邯因「其」三軍之衆
77. 「群」臣之不「相」信
78. 子嬰立「而」遂不寤
79. 「借」使子嬰有庸主之材，「而」僅得中佐
80 「三」秦之地，可全而有，宗廟之祀，宜未絕也。
81. 「此」豈世世賢哉？
82. 秦「雖」小邑，「伐」并大城，守險塞而軍。
83. 諸侯起於匹夫，以利「會」。
84. 其「民」未附，名「曰」亡秦。
85. 彼見秦阻之難犯，必退師，「案土」息民。
86. 「承解誅罷」，以令國君。
87. 貴爲天子，富有「四海」。
88. 「捄」敗非也

(二)事勢二十九篇

89.	秦王足已不問	秦王足己「而」不問
90	三主惑，「而」終身不悟。	三主「之」惑，終身不悟。
91.	世非無深慮知化之士也	世非無深「謀遠」慮知化之士也
92.	秦俗多忌諱之禁	秦俗多忌諱之禁「也」
93.	忠言未卒於口而身「爲戮」沒矣	忠言未卒於口，而身「糜」沒矣。
94.	「拑」口而不言。	「闔」口而不敢言。
95.	忠臣不「敢」諫，智士不「敢」謀。	而忠臣不諫，智士不謀「也」。
96.	天下已亂，姦不上聞，豈不「哀」哉！	天下已亂，奸臣不上聞，豈不「悲」哉！
97.	繁法嚴刑而天下「振」	繁法嚴刑而天下「震」
98.	百姓怨望而海內「畔」矣	百姓怨而海內「叛」矣
99.	而千餘「歲」不絕	千餘「載」不絕
100.	秦本末並失，「故不長久」，由「此」觀之	秦本末並失，「故不能長」，由「是」觀之
101.	「野」諺曰	「鄙」諺曰
102.	參「以」人事	參「之」人事
103.	變化「有」時	變化「應」時

宗首、數寧、藩傷、藩彊、大都、等齊、服疑、益壤、權重、五美、制不定、審微、階級、俗激、時變、瑰瑋、孽產子、銅布、壹通、屬遠、親疏危亂、憂民、解懸、威不信、匈奴、勢卑、淮南、無蓄、鑄錢等二十九篇爲新書中事勢之內容，事勢之文，皆誼爲文帝陳政事之疏，故治新書者，輒就誼傳中所載之疏，與新書對照考辨。唯班氏誼傳摘引新書僅具大略而已，其所不載者，如「無蓄、鑄錢、銅布」等三篇，則引入於食貨志，致誼傳策中所引流涕長太息各事，與誼書不合，歷來學者，遂於流涕、太息之內容，互起爭論。

王耕心賈子次詁云：

> 疏內流涕二節以匈奴之禍無已時爲一事，以有制之術而不使爲一事。王伯厚疑有缺文，欲以論積貯疏當其一。近世桐城姚鼐又疑二爲一字之誤，皆非也。長太息者六，文缺其一，西山眞氏嘗補以新書等齊篇，姚氏意不謂然，欲補以論積貯疏，皆非確論。論積貯疏乃賈子之絕筆，別爲一篇，非此文所有。此文所缺，乃諫放民鑄錢一事爾。若顏師古，王伯厚直謂長太息六，惟存之事，似未嘗一考本文者，則不解其何說已。

姚王二氏以二流涕在六太息中，祁玉章氏認爲有誤，云策內明言可爲流涕者二，可爲長太息者六，應爲八事，八事除策內已載流涕二及太息三共五事實爲四事外，（祁言策中所引二流涕，實爲制匈奴一事，强分爲二，本爲一事，應合併爲一流涕，故此言實爲四事。）尚缺流涕一及太息三。並言所缺之流涕一應依王應麟姚鼐說補以論積貯疏；長太息三應依王應麟王耕心說補以諫放民鑄疏，及王應麟

眞德秀說補以等齊篇，然尚缺其一，祁氏認爲應以諭教太子補入。（註二）

王師更生，認爲痛哭者一，乃誼傳中自「進言者皆曰，天下已安已治矣。」至「可痛哭者此病是也。」即新書數寧、藩傷、宗首、親疏危亂、制不定、藩彊、五美、大都等八篇。流涕者二，乃誼傳中自「天下之勢方倒懸」，至「威令不信，可爲流涕者此也。」即新書解懸，威不信，匈奴，勢卑等四篇。長太息者六，乃誼傳中自「今民賣僮者」至「此之不爲而顧彼之久行，故曰可爲長太息者此也。」即新書孽產子、時變、俗激、保傅（按保傅屬語類）、禮察（按新書脫漏，節大戴記禮察篇）、階級等六篇。無蓄、鑄錢、銅布三篇，王師認爲非流涕太息之事。至等齊篇王師認爲與階級篇重複，筆者以爲此或可納入長太息事。

又王師更生認爲事勢二十九篇中之益壤、權重兩篇出現於誼傳之「請封建子弟疏」，淮南篇出現於「諫王淮南諸子疏」，另服疑、審微、瑰瑋、壹通、屬遠等篇，王師認爲或因文旨特殊，或因立義與他篇重複，班固略採以入傳。（註三）

綜上所述，則事勢二十九篇，皆見於漢書傳志。按漢書本傳云：「誼數上疏陳政事，多所欲匡建，其大略曰。」贊亦云：「凡所著述五十八篇，掇其切於世事者著于傳云。」由此可知，班固著漢書，有關賈誼之論政，乃「掇其切於世事者」。換言之，即摘錄新書有關時政之篇章以入傳。余嘉錫四庫提要辨證云：「然則班固於其所上之疏，凡以爲疏而不切者，皆不加采掇，其他泛陳古義，不涉世事，更無論也。故凡載於漢書，乃從五十八篇之中擷其精華，宜其文如萬選青錢。」確認漢書所載，係新書中之精華。可證上述諸篇非後人僞作。玆將新書之見於漢書者，列其篇名，並在篇名下繫以漢書傳文，俾便參考。

△數寧

出現於本傳「臣竊維今之事勢，可爲痛哭者一，可爲流涕者二，可爲長太息者六。」至「爲陛下計，亡以易此。」段。

△藩傷

出現於本傳：「夫樹國固必相疑之勢，下數被其殃，上數爽其憂，其非所以安上而全下也。」段及「臣竊跡前事，大抵彊者先反。」至「國小則亡邪心」段。

△宗首

出現於本傳：「今或親弟謀爲東帝，親兄之子西鄉而擊。」至「假設陛下居齊桓之處，將不合諸侯而匡天下乎？」段。

△親疏危亂

出現於本傳：「臣又知陛下有所必不能矣。」至「故疏者必危，親者必亂，已然之效也」段。

△制不定

出現於本傳：「其異姓負彊而動者，漢已幸勝之矣。」至「胡不用之淮南濟北，勢不可也」段。

△五美

出現於本傳：「今海內之勢，如身之使臂，臂之使指。」至「陛下誰憚而久不爲此？」段。

△大都

出現於本傳：「天下之勢，方病大瘇，一脛之大幾如要。」至「非徒病瘇也，又苦蹠盭，可痛苦者，此痛是也。」段。

△解縣

出現於本傳：「天下之勢方倒縣，又凡天下者，天下之首也，何也？上也。蠻夷者，天下之足也，何也？……」至「可爲流涕者此也。」段。

△勢卑

出現於本傳：「陛下何忍以帝皇之號，爲戎人諸侯。」至「翫細虞而不圖大患，非所以爲安也。」段。

△威不信

出現於本傳：「德可遠施，威可遠加，而直數百里外，威令不信，可爲流涕者此也。」段。

△孽產子

出現於本傳「今民賣僮者，爲之繡衣絲履偏諸緣。」至「可爲長太息者此也。」段。

△時變

出現於本傳「商君遺禮義，棄仁恩，幷心於進取。」至「曩之爲秦者，今轉而爲漢矣。」段。

△俗激

出現於本傳：「然其遺風餘俗，猶尚未改。」至「是猶度江河之維楫，中流而遇風波，船必覆矣，可爲長太息者此也。」段。

△保傅

出現於本傳：「天下爲天子十有餘世，而殷受之。」至「書曰：『一人有慶，兆民賴之』，此時務也。」段。

△階級

出現於本傳：「人主之尊譬如堂，群臣如陛，衆庶如地。」至「此之不爲，而顧彼之久行，故曰可爲長太息者此也。」段。按此段乃階級篇之全文，中僅有少許，漢書略而未錄。

△益壤

出現於本傳：「陛下卽不定制」至「此二世之利也」段。

△權重

出現於本傳「當今恬然適遇諸侯之皆少」至「唯陛下財幸」段。

△淮難

出現於本傳：「竊恐陛下接王淮南諸子，曾不與如臣者孰計之也。」至「願陛下留計」段。

△無蓄

出現於食貨志上：「莞子曰：『倉廩實而知禮節。』」至「懷敵附遠，何招而不至。」段。及「可以爲富安天下」至「竊爲陛下惜之」段。

△瑰瑋

出現於食貨志上：「今毆民而歸之農」至「則畜積足而人樂其所矣。」段。

△鑄錢

出現於食貨志下：「法使天下公得顧租鑄銅錫爲錢」至「銅使之然也」段。

△銅布

出現於食貨志下：「故銅布於天下」至「臣誠傷之」段。

㈡連語十八篇

傅職、保傅、連語、輔佐、問孝、禮、容經、春秋、先醒、耳痺、諭誠、退讓、君道、官人、勸學、道術、六術、道德說等十八篇爲新書中之連語。其中問孝篇缺。玆就其可考者，分述如下：

1保傅、傅職、容經

見於大戴記。因此三篇文字，與漢武帝末魯恭王壞孔子宅所得禮之古文經大同小異，故對此三篇之作者，有兩種不同之意見。

(1)認係賈誼所作

東漢文穎，南宋朱熹，清汪中皆以此四篇爲誼作。漢書昭帝紀云：「修古帝之事，通保傅傳。」

文穎注曰：「賈誼作保傅傳，在禮大戴記。」朱熹承文穎之說，於其所撰儀禮經傳道解目錄「保傅傳等三十」下注云：「漢昭帝詔曰：『通保傅傳。』文穎以爲賈誼所作，此篇也。今在大戴禮，爲第四十八篇，其詞與誼本傳疏語正同，其言教太子，輔少主之道，至詳悉而極懇切矣。」又朱子語類卷八十八亦云：「保傅中說秦無道之暴，此等語必非古書，乃後人采賈誼策爲之，亦有孝昭冠辭。」此三篇眞爲誼所作。汪中亦認爲誼書保傅、傅職、容經、胎教四篇，係誼所作，戴德采之入記，合爲保傅篇者，其賈誼新書序云：「漢世是書（按指新書）盛行於世，司馬遷、劉向著書，動見稱述，孝昭通保傅傳，則當時以教胄子。傅職、保傅、連語、輔佐、胎教、戴德采之禮篇之文，戴在曲禮，今二書並尊爲經，而是書傳習蓋寡，道之行廢，豈命也歟！」

(2)認係賈誼取自古記

持此說者，爲清王聘珍。王氏認爲保傅篇本古文禮記，係楚漢間人所爲，其大戴記保傅第四十八篇解題云：「保傅者，本經曰保，保其身體。傅，傅之德義，蓋古者教王太子之禮也。賈誼新書保傅、傅職、容經、胎教等篇，與此大同小異，自篇首『夏爲太子』至『此時務也』。漢書賈誼傳亦有之，字句小有差異。漢書昭帝紀詔曰：『修古帝王之道，通保傅傳』，卽謂此篇。是古又有保傅傳之名也。班氏白虎通引此篇語，稱禮保傅曰，是此篇本古文禮記，蓋楚漢間人所爲，其人亦七十子後學之流，漢初並在古文二百零四篇之中，出自孔壁。故當時卽以列於孝經，論語，尙書之類，而進之於君，賈誼所從而柔摭潤色，以成一家之言者，則在外流傳之本，亦如古文尙書出自孔壁，而先有今文行於世，特其篇數多寡不同耳。俗儒不能沿流溯源，猥以大戴取於賈誼之書，則此篇之末，又見於劉向說苑，豈大戴復取於劉向書耶。蓋古人之書名曰著述，采取者博，如史記明是采世本、左傳、國語、國策所爲，呂覽、淮南亦非盡出一人之手，賈氏之書，亦何必不有取於古記也。」（註四）

關於王氏此說，祁玉章氏認爲亦持平有理，但未下定論，只云：「爰併存之，以俟博雅。」王師更生則以爲：「二戴生於孝宣之世，賈誼立說惠文之間，當賈氏陳策之會，尚未開挾書之禁，則賈氏說禮必有所本，但是否取於古記，抑大戴博綜賈氏之說，蓋不能明也。」根據祁氏及王師之言，則王氏之見是否正確，乃有待徵考。

2.輔佐篇

篇末有脫文，與大戴禮記千乘第六十八之文略同。清盧文弨認此篇文字古雅淵奧，推定非後人所能僞撰，係賈誼所作，其重刻賈誼新書序云：「余謂此書必出於其徒之所纂集，篇中稱懷王問於賈君，又勸學一篇語其門人，皆可爲明證，但多爲鈔胥所增竄，凡漢書所有者，此皆割裂顚倒，致不可讀，唯傅職、輔佐、容經、道術、論政諸篇，在漢書外者，古雅淵奧，非後人所能僞撰。」又清汪中亦認此篇爲誼作，說見前。

3.禮察篇

新書事勢二十九篇中無此篇，此乃漢書誼傳陳政事疏中之一節，與大戴記禮察第四十六全同。

孫志祖讀書脞錄卷四云：

本傳中『凡人之智，能見已然，不能見將然。』一段，與大戴禮『禮察篇』略同，而新書無之。

清王聘珍認此篇與保傅篇皆非誼作，乃楚漢間人所爲。其言云：

自凡人之知以下，漢書賈誼傳有之，篇首稱孔子曰，後言秦王子孫誅絕，當中顯有譌脫之處。案漢書藝文志所載記百三十一篇，班氏自注云，七十子後學所記也，不言其爲何時之人，諒非一時同出者也，楚漢之間，如陳涉博士之徒，皆其支流餘裔，豈不發憤著書，然則禮察、保傅等篇，皆是楚漢間人所爲，同在古文記二百四篇之中，大戴取之以爲記，賈誼亦釆以爲書，而班氏又潤色賈書以入史，故此篇中有問爲天下如何？又有今子或言云云，並非上疏之體也。

4. 道術篇

盧文弨認此篇亦誼所作，說見上。

5. 連語篇

清汪中認此篇亦誼所作，說見上。

6. 先醒篇，勸學篇

盧文弨謂先醒篇中稱懷王問於賈君，勸學篇中云語其門人（按勸學篇原文爲「謂門人學者」），斷定新書爲誼之門徒所纂集。（說見上）姑不論其見是否正確，此兩篇由此可推知非誼本人手著。

㈣雜事九篇

大政上、大政下、脩政語上、脩政語下、禮容語上、禮容語下、胎教、立後義、傳，此九篇乃新書雜事內容。爲誼平日所稱述誦說者，其中禮容語上篇闕，胎教篇見於大戴記保傅已如上述。保傅九篇之末，盧文弨以爲「此傳本出漢書，而多訛舛。」

第四節　新書版本考

新書，自唐宋以降，卷次不一，篇目迭易，舛缺謬誤，幾不可卒讀。其板本行世最早者，首推宋建潭二本，明李夢陽等相繼刋刻，流傳漸廣。今按年代先後，羅列各代各家版本於後，並記其大要，明其淵源，及坊間印行與圖書館收存之情形。

一、建　本

清盧文弨據此校鏈抱經堂本賈誼新書，自注云：「是宋時刻本，明毛斧季、吳元恭皆據以改近世之本。宋即有謬誤，亦悉仍之，前失去序文，故不知是何年所梓，唯目錄後有建寧府陳八郎書舖印一行，故今稱建本。」

清陸心源儀顧堂題跋卷六云：「新雕賈誼新書十卷，題曰『梁太傅賈誼撰』，宋刋，目後有『建寧府陳八郎書舖印』一行，蓋南宋麻沙本也。」

此本今已罕見。

二、潭　本

清盧文弨抱經堂本賈誼新書自注云：「宋淳祐八年（西元一二四八）長沙刻，卽從淳熙八年程漕史本重雕者，題賈子。」

此本今已罕見。

三、元末明初本

清潘祖蔭滂喜齋藏書記卷二云：「明刻賈誼新書十卷。淳熙辛丑胡价跋云：『提學漕司給事程公（按原跋下有「先生」二字）暫攝潭事，（按原跋下有「乃取櫝中所藏誼新書十篇俾」等十二字。）刻之學宮。』跋後又有題記云：『淳祐八年（西元一二四八）十月知院大使陳公刋補。』按：常熟瞿氏歸安陸氏皆有明正德本，瞿氏志云：『潭板明時殘闕，弘治間陸相爲長沙守，修補印行。』陸氏志云：『陸本後歸吉府。』據此則宋時刋本，歷明尚存，但遞有增脩耳。陸志又云：『吉府本册首蓋吉府圖書朱文方印』，陸本卷六第三葉十一、十二、十三行空白，此本册首無吉府印，而卷六亦無空行，則在二本前明甚，其元末明初之際乎？」

此本今已亡佚。

四、吳郡沈頡本

清盧文弨抱經堂本云：「明弘治十八年（西元一五〇五）刻，毛斧季就謄宋建本於此本上，其吳元恭所用之本雖無沈頡名，而實不異，當是沈名後來刊去也。其第七卷中缺退讓篇，吳據宋本抄補，而毛本則仍闕此篇。」

清繆荃孫藝風藏書記卷二云：「賈誼新書八卷。明弘治刊本，目錄後識云：『凡物久漸弊，弊久漸新，新書之行尚矣，轉相摩刻，不知幾家，字經三寫，誤謬滋多，所謂久則弊也，頡僅將各本與他本往復參校，尚有傳疑，其亦弊則漸新，若好古君子，更得善本考正，則此書之弊，盡革而永新矣。弘治乙丑句吳沈頡誌。』」

此本今已亡佚

五、李夢陽本

明李夢陽校。夢陽自號「空同子」，故盧文弨稱之爲李空同本。盧文弨抱經堂校本自注云：「明正德八年（西元一五一三）刻，亦名賈子，後有欽遠猷者，不知何許人，合郴陽何燕泉（按卽何孟春）本、長沙本、武陵本合校，是書何本於文義不順者，頗加竄改，又於過秦論後補審取舍一篇，乃錄大戴禮記禮察篇全文。」

清邵懿辰四庫簡明目錄標注邵章續錄云：「見莫邵亭藏正德陸相本，十行十八字，與建本合七八，與潭本合三四，或李空同所翻刻，而疑爲元本也。」

此明正德八年李夢陽刋本，現藏中央研究院傅斯年圖書館，其書十卷，前有正德八年李夢陽撰「賈子序」，略云：「予今刻則略校之矣，然卒莫之質補也，麟甲鳳毛，僅存見於世者此耳，幸耶悲邪！賈子十卷，共五十八篇，內亡其三篇。明正德八年歲在癸酉冬十一月北郡李夢陽撰，寓白鹿洞書院。」

六、陸相本

明正德九年（西元一五一四）陸氏任長沙守時刻，十卷，五十七篇，首題漢長沙太傅賈誼撰。書前有正德九年都察院右副都御史長沙黃寶「賈太傅新書序」，末附淳熙辛丑潭州州學教授南昌胡价及正德乙亥山東按察僉事刑部郎中古燕楊節二人之題跋。目錄下有篆章三顆，首顆刻「南昌彭氏」，清晰可識，餘二方則模糊難辨。第三卷目錄中漏刻解縣篇目。

黃寶序略云：「自宋淳熙辛丑提學漕使程公版刻之後，三百餘祺僅得一陸公補輯殘缺，爲書再行，是何寥寥，知賞之難也，非惟嘉惠後學，廣其見聞，以資博識，愼而擇之，而立身行己之道亦寓焉。……郡守公名相字良弼，弘治癸丑進士，累官南京吏漕郞中，英名偉績有所自也。政尙平恕，有古循吏風，今觀是，益可見其知所擇，而其蘊蓄之富未可量也。故不揆愚陋，僭書子端，以識歲月云。正德九年菊月吉旦。」

陸心源儀顧堂題跋卷六云：「賈子新書十卷，明正德九年長沙守陸相補刋本，每頁十六行，行十一字，自序至跋凡二百七葉，前有黃寶序，後有淳熙辛丑胡价跋。案是書北宋刋本無聞，淳熙辛丑程給事爲湖南漕使刋置潭州，州學胡价跋，字句譌舛，以無他本可校，未能是正。正德中，陸相守長沙，得殘版數十片，因補刋成之，是其中尚有淳熙殘版，特不多耳。正德十年吉藩又據陸本重刋於江南，余官閩時，從楊雲滄中翰借校，與此本行欵悉同。其後何元朗、程榮、何鏜諸子，皆從此出，惟所據之本，摹印有先後，全缺有不同耳。宋本不可見，得此亦不失爲賈王得羊矣。此本勝於吉藩本，吉藩本勝於程榮本，程榮本勝於何鏜本，明刻諸本，以何元朗最劣耳。」商務印書館收入四部叢刋初編。

七、吉府重刻陸相本

明正德乙亥（十年、西元一五一五）據正德九年之陸相本重刻，行款、字體、葉數全與陸相本同，書末有「吉府右長史前山東按察僉事刑部署郎中古燕楊節跋。」商務四部叢刋及藝文印書館俱有影印本。

八、何孟春訂注本

明正德十四年（西元一五一八）滇刋本，題曰「賈太傅新書」，十卷。王師更生賈誼學述三編餘編一，賈誼新書板本考云：「裝訂有二種，一是四冊，一是二冊，每冊之首行下印『謙牧堂藏書記』篆刻一方，其每卷篇目之分合與他本不同：由卷一至卷四爲事勢，共三十三篇，卷五至卷八大政下爲連語，共十九篇，由卷八之修政語上至卷九爲雜事，共七篇，卷十爲附錄，列弔湘賦、鵩賦、惜誓賦、旱雲賦、虡賦、小傳等六篇。於事勢、連語、雜事、附錄之後，各有說明，十卷之末載何氏序，及其後序，與又書二則。其後序云：『太傅書春嘗謂其散佚多矣，今之所存篇目非復其初五十八篇之舊。……玆割餘廩刻之，冀諸博雅君子與子鍾聞之有以示我，不使木徒災也。刻之日在序後之五年，己卯九月吉何孟春子元在須之巡撫都察院書。』」

王師更生謂裝訂有二種，一爲四册，一爲二册。按二册本似爲正德十五年（西元一五一九）之刻本，此本或爲何孟春之重刻本。

清鄧邦述寒庾山房鬻存善本書目卷二云：「賈太傅新書十卷，二册，明正德刻本，前有正德庚辰（十五年）張志淳序，有何孟春訂注序，後有正德己卯（十四年）周廷用序，有『鳴野山房』印。」

國立中央圖書館藏有此本，據嚴靈峯周秦漢魏諸子知見書目卷五目三九新書之記載，中央圖書館之藏本，係明正德十五年（西元一五一九）滇刋本。據嚴說，此本係「雙行夾注，間附音注。首題：『郴陽何孟春訂註』。前有正德十五年張志淳『訂註賈太傅新書序』，何孟春自序。末卷爲『附錄』：弔湘賦、鵩賦、小傳等，並有正德己卯華容周廷用『刻賈太傅新書叙』。」

九、子彙本

明萬曆五年（西元一五七七）潛菴子校，題曰「賈子新書」。此本分賈子上下二卷，上卷三十七篇，下卷三十篇，內含增補之定取舍一篇。商務有明刋影印本。

十、胡維新兩京遺編本

明萬曆十年（西元一五八二）餘姚胡維新刋，題曰「賈子十卷」。書前有李夢陽賈子序，序下蓋篆章三顆。書後附賈誼傳。國立中央圖書館藏有此書，商務有民國二十六年「元明善本叢書」影印「兩京遺編本」。

十一、程榮校漢魏叢書本

此本係明何緯輯，前後凡三刻，首明程榮本，次明何允中本，又次清王謨本。此卽明萬曆二十年（西元一五九二）程榮校本，題「新書十卷」。書首有李夢陽、黃寶之序，書底有南昌胡价新書後跋。其目錄中，於第三卷漏刻「解縣」一題。中央圖書館所藏爲明何允中重編，明末武林何氏刋本，配補清刋本。坊間刋行有商務明刋影印本。台灣新興書局亦曾縮印發行。

十二、明末朱圖隆刋本

明仁和黃甫龍及新安唐琳合訂，朱圖隆刋本，清嘉慶黃廷鑑手校。題曰「新書十卷，附錄一卷」，並書有「黃琴六先生手校善本」等字。首頁有「賈太傅新書總論」、係輯錄白居易、柳完元、楊時、胡寅、張栻、陳傅良、劉歆、丁奉、茅坤、徐中行評論賈子之文。並有朱圖隆「新書凡例」四則。卷末附錄「賈誼傳」曁「贊」文，附有黃廷鑑氏硃筆之「嘉慶甲子春正二十八日琴六居士假盧抱經本校畢」字樣。此書每頁之眉端刻有歷代各家之評語及黃氏依「抱經堂本」之校勘記，其所校者另用誅筆書於字旁，或寫於一行之上，凡所校正之文字，必明出處，甚爲詳明、珍貴。此書現藏國立中央圖書館，爲手稿本，尙未刋印。

十三、明刋黑口本

題賈長沙集，十卷四册。書前有洛陽賈生傳，第十卷之末，又附小傳，國立故宮博物院圖書館藏有此本。此本刻印甚差，闕葉尤多，書中有朱筆校字，唯批者未書其名。

十四、明烏絲欄鈔本

無注，十卷，題「賈子新書」。前有明正德九年（西元一五一四）長沙黃寶序。卷一首行題有「漢雒陽賈誼著，錢震瀧閱」字樣。中央研究院傅斯年圖書館藏有此本。

十五、日本寬延二年刋本

日本寬延二年己巳九月（乾隆十四年—西元一七四九）皇都書林桓村藤右刋行。此書以錢震瀧本爲底本，加假名訓點。首頁題有「漢雒陽賈誼著，錢震瀧閱」字樣。書前有明正德九年黃寶撰「賈子新書序」，並有賈子新書總評，係摘錄自唐皮日休悼賈篇序文。目錄末有元文二年青木敦書「賈子新書跋」，略謂：「以錢震瀧本與諸本參考之，正其謬誤。從其易讀。」

王師更生云：「書分十卷，五冊。但亦有二冊本者。……五冊裝者現藏國立中央圖書館，二冊裝者現藏國立台灣師範大學國文系圖書室。」

十六、抱經堂本

題「賈誼新書」，十卷。清乾隆四十四年（西元一七七九）盧文弨校定。盧氏以宋建寧潭州兩刋本爲底本，參以沈頡、李夢陽、陸相、程榮、何允中、趙曦明校本，校訂文注各本異同，附於本文後。全書原五十七篇，改過秦論上、下兩篇爲上、中、下三篇，成爲五十八篇。卽自「秦滅周祀」至「是二世之過也」，作爲中篇，以下仍爲下篇。題「梁太傅賈誼撰」。書前有乾隆甲辰年盧文弨「重刻賈誼新書序、正德八年李夢陽序、正德九年黃寶新書序」、「新書讎校所據舊本」。末附有淳熙辛丑胡价跋及黃震跋。光緒元年，浙江書局「二十二子」曾重校刋此本，民國六十五年台北先知出版社有影印「二十二子」本。今商務、藝文皆有影印本，中華書局有「四部備要」本。

十七、百子全書本

十卷，題曰「新書」。書前有黃寶序。光緒湖北崇文書局開雕，台灣古今文化出版社有影印本。

十八、賈子次詁本

清光緒二十九年（西元一九〇三）王耕心校刋審定本。正楷墨書，硃砂批校，分篇注釋，資料豐富。全書十六卷，重定爲五十八篇，每篇先列全文，次爲「解詁」，摘錄要句，雙行夾注，校訂文字、文義。引據盧文弨校本，唐宋類書及其他典籍，俞樾等各家說爲之。書分二册及內、外、翼三篇，內篇十卷；外篇二卷，分上下，上有：陳治安大計疏、諫使民顧祖鑄錢疏、諫接王淮南諸子疏、請封建子弟疏，論積貯疏。下有：度湘水弔屈原賦、鵩鳥賦、旱雲賦、虡賦。翼篇四卷，爲：史記賈子列傳、漢書賈子傳、賈子年譜、緖記上下。末附丹徒陳兆琛後叙。每篇始末均加書「正字通悳王氏校栞版，存泰州寓宅龍樹精舍。」

王耕心賈子次詁叙錄：「新定賈子內外篇六十有七，故漢梁太傅洛陽賈誼著。翼篇五則，賈子傳記之屬，三篇總十六卷。」「於是創闢義例，彙綜諸家，重訂其書爲內外二篇，復備摭傳記及內篇叙跋，參以新說，別爲翼篇。」

此本義例謹嚴，援據奧博，析論至當。陳兆琛賈子次詁後叙：「龍宛先生彙通儒佛，深究天人，五十後尤篤好賈子之學，新定賈子書三篇，義例謹嚴，援據奧博，諸論說皆折中至當，無所偏倚。」

第五節　新書引經考

賈誼博覽群書，精通百家，立論爲文，每多援引經傳子史之文及俚語諺說，以銓釋印證其論點，其引用之文，以易經、書經、詩經、三禮、三傳、論語、孟子爲最多，足證前人稱其爲儒家之說爲可信。因賈文引經較多，故本節只就其引經一面考述之。又其引經之方式有明引、暗引、隱括其意等三種，本節卽依此三類分列之，並於每條引文後註出所引書名、篇名、原文，及稍加說明。

一、引易經

㈠明引

△能也者，人主之辟也。亢龍往而不返，故易曰：「有悔。」悔者，凶也。潛龍入而不能出。故曰：「勿用。」勿用者，不可也。（註八）

按引易爲易乾卦爻辭

易乾卦：「初九，潛龍勿用。」「上九，亢龍有悔。」

△故愛出者愛反，福往者福來。易曰：「鳴鶴在陰，其子和之。」其此之謂乎！（註九）。

按引易出於易中孚卦

易中孚卦：「九二，鳴鶴在陰，其子和之。我有好爵，吾與爾靡之。」

△易曰：「鳴鶴在陰，其子和之。」言士民之報也。（註一〇）

按引易已見前條

△易曰：「正其本而萬物理，失之毫釐，差以千里。」故君子愼始。（註一一）

按今本易經無此文，蓋出於緯書之言。禮記經解云：「易曰：『君子愼始，差若毫釐，繆以千里。』」陳澔集說曰：「所引易曰，緯書之言也。」又史記太史公自序云：「……故易曰『失之毫釐，差以千里。』」唐裴駰集解云：「徐廣曰：『一云「差以毫釐。」一云「繆以千里。」』」駰案：今易無此語，易緯有之。」

(二)暗　引

△古之爲路輿者，蓋圜以象天二十八撩以象列星軫，方以象地三十輻以象月。故「仰則觀天文，俯則察地理」；前視則覩鸞和之聲，側聽則觀四時之運。此輿教之道也。（註一二）

按此引易繫辭，唯文字稍有不同，易繫辭原文爲「仰則觀象於天，俯則觀法於地。」

二、引尚書

(一)明　引

△夫教得而左右正，則太子正矣。太子正而天下定矣。書云：「一人有慶，兆民賴之。」此時務也。

（註一三）

按書云出於周書呂刑篇：「天齊于民，俾我一日；非終惟終，在人。爾尚敬逆天命，以奉我一人。雖畏勿畏，雖休勿休。惟敬五刑，以成三德。一人有慶，兆民賴之，其寧惟永。」

△書曰：「大道亶亶，其去身不遠。」人皆有之，舜獨以之去。射而不中者，不求之鏃，反修之於己，君國子民者，反求之己，而君道備矣。（註一四）

按書曰二句今本書經未見。

㈡暗　引

△令尹避席再拜曰：「臣聞『皇天無親，惟德是輔。』王有仁德，天之所奉也。病不爲傷。」（註一五）

按「皇天無親，惟德是輔」語出周書蔡仲之命篇。

周書蔡仲之命：「皇天無親，惟德是輔。民心無常，惟惠之懷。爲善不同，同歸于治。爲惡不同，同歸于亂。爾甚戒哉。」又蔡仲之命係僞古文。此二句又見僖公五年左傳所引。

三、引詩經

㈠明　引

△詩曰：「普天之下，莫非王土，率土之濱，莫非王臣。」王者於天下，苟舟車之所至，人迹之所

及，雖蠻夷戎狄，孰非天子之所作也。（註一六）

按此詩引自詩經小雅北山篇，「普」詩經作「溥」。

詩小雅北山二章：「溥天之下，莫非王土；率土之濱，莫非王臣，大夫不均，我從事獨賢。」

△又似練絲，染之藍則青，染之緇則黑，無善佐則亡，此其不可不憂者耳；詩曰：「芃芃棫樸，薪之槱之，濟濟辟王，左右趨之。」此言左右日以善趨也。（註一七）

△諺曰：「君子重襲，小人無由入。正人十倍，邪辟無由來。」古之人其謹於所近乎！詩曰：「芃芃棫樸，薪之槱之；濟濟辟王，左右趨之。」此言左右日以善趨也。（）一八）

按：此兩詩引自詩經大雅棫樸篇，「趨」詩經作「趣」。

詩大雅棫樸首章「芃芃棫樸，薪之槱之，濟濟辟王，左右趣之。」

△禮者，臣下所以承其上也。故詩云：「壹發五豝，吁嗟乎騶虞。」騶者，天子之囿也。虞者，囿之司獸者也。天子佐輿十乘，以明貴也。二牲而食，以優飽也。虞人翼五豝，以待壹發，所以後中也。作此詩者，以其事深見良臣順上之志也。（註一九）

按此詩引自詩經國風召南騶虞篇首章「彼茁者葭，壹發五豝，于嗟乎騶虞。」

△故禮者所以恤下也。詩曰：「投我以木瓜，報之以瓊琚，匪報也，永以爲好也。」上少投之，則下以軀償矣。弗敢謂報，願長以爲好。古之蓄其下者，其施報如此。（註二〇）

按此詩引自詩經衞風木瓜篇首章，字句全同。

△登車則馬行而鸞鳴，鸞鳴而和應。故詩曰：「和鸞雝雝，萬福攸同。」言動以紀度，則萬福之所聚也。（註二一）

按此詩引自詩經小雅蓼蕭篇四章：「蓼彼蕭斯，零露濃濃。既見君子，鞗革沖沖。和鸞雝雝，萬福攸同。」

△詩曰：「威儀棣棣，不可選也。」棣棣，富也。不可選，衆也。言接君臣、上下、父子、兄弟、內外、大小品事之各有容志。（註二二）

按此詩引自詩經邶風柏舟篇三章：「我心匪石，不可轉也。我心匪席，不可卷也。威儀棣棣，不可選也。」

△詩曰：「君子樂胥，受天之祜。」胥者，相也。祜，大福也。夫憂民之憂者，民必憂其憂；樂民之樂者，民亦樂其樂。與士民若此者，受天之福矣。（註二三）

按此詩引自詩經小雅桑扈篇首章：「交交桑扈，有鶯其羽。君子樂胥，受天之祜。」

△詩曰：「王在靈囿，鹿鹿攸伏，鹿鹿濯濯，白鳥皜皜，王在靈沼，於牣魚躍。」言至德也。聖主所在，魚鱉禽獸猶得其所，況於人民乎！（註二四）

△詩曰：「經始靈臺，庶民攻之，不日成之，經始勿亟，庶民子來。」文王有志爲臺，令匠規之，民聞之者，麕裹而至，問業而作之，日日以衆。故弗趨而疾，弗期而成，命其臺曰「靈臺」，命其囿曰「靈囿」，謂其沼曰「靈沼」，愛敬之至也。詩曰：「王在靈囿，麀鹿攸伏，麀鹿濯濯，

白鳥皜皜；王在靈沼，於牣魚躍。」文王之澤，下被禽獸，洽及魚鱉，咸若攸樂，而況士民乎？（註二五）

按此兩詩引自詩經大雅靈臺篇。「皜」詩經作「翯」，又「經始靈臺」下有「經之營之」四字。

詩大雅靈臺首章云：「經始靈臺，經之營之，庶民攻之，不日成之，經始勿亟，庶民子來。」二章云：「王在靈囿，麀鹿攸伏，麀鹿濯濯，白鳥翯翯。王在靈沼，於牣魚躍。」

△詩曰：「濟濟多士，文王以寧。」言輔翼賢則身必已安也。（註二五）

按此詩引自詩經大雅文王篇：「世之顯，厥猶翼翼，思皇多士，生此王國，王國克生，維周之楨，濟濟多士，文王以寧。」

△詩曰：「愷悌君子，民之父母。」言聖王之德也。（註二六）

按此詩引自詩經大雅泂酌篇，「愷悌」原文作「豈弟」。

詩大雅泂酌篇：「泂酌彼行潦，挹彼注茲，可以餴饎。豈弟君子，民之父母。」

△詩曰：「昊天有成命，二后受之。成王不敢康，夙夜基命，宥謐。」謐者，寧也，億也。命者，制令也。基者，經也，勢也。夙，早也。康，安也。后，王；二后，文王武王。成王者，武王之子，文王之孫也。文王有大德，而功未就；武王有大功，而治未成。及成王承嗣，仁以臨民，故稱昊天焉。不敢怠安，蚤興夜寐，以繼文王之業。布文陳紀，經制度，設犧牲，使四海之內，懿然葆德，各遵其道。故曰有成承順武王之功，奉揚武王之德，九州之民，四荒之國，歌謠文武之

烈，累九譯而請朝，致貢職以供祀。故曰：二后受之。方是時也，天地調和，神民順億，鬼不厲祟，民不謗怨，故曰宥謐。（註二七）

按此詩引自詩經周頌昊天有成命章，「謐」原文作「密」。

詩周頌昊天有成命：「昊天有成命，二后受之。成王不敢康，夙夜基命，宥密，於緝熙，單厥心，肆其靖之。」

△詩曰：「敬之敬之，天惟顯思，命不易哉！毋曰高高在上，陟降厥士，日監在茲。維予小子，不聰敬止。日就月將，學有緝熙于光明。佛時仔肩，視我顯德行。」故弗順弗敬，天下必定；志敬而怠，人必乘之，嗚呼戒之哉！（註二八）

按此詩引自詩經周頌敬之篇，文句近同，惟二字異，「惟」詩經作「維」，「視」詩經作「示」。

△孔子曰：「長民者不服不貳，從容有常，以齊其民，則民德一。詩云：『彼都人士，狐裘黃裳，行歸于周，萬民之望。』」（註二九）

按孔子曰所引之詩，出自小雅都人士篇，其中「黃裳」，詩經作「黃黃」，「之望」詩經作「所望」。又「孤裘黃裳」與「行歸于周」間，詩經有「其容不改，出言有章」八字。

詩小雅都人士：「彼都人士，孤裘黃黃，其容不改，出言有章。行歸于周，萬民所望。」

㈡暗引

△「弗識弗知，順帝之則。」言士民說其德義，則放而象之也。（註三○）

按此詩引自詩經大雅皇矣篇，「弗」詩經作「不」。

詩大雅皇矣：「帝謂文王，予懷明德，不大聲以色，不長夏以革，不識不知，順帝之則。」

四、引三禮

㈠明引

△王制曰：「國無九年之蓄，謂之不足，無六年之蓄，謂之急，無三年之蓄，國非其國也。」其王制若此之迫也，陛下奈何不使吏計所以爲此，可以嘆息者又是也。（註三一）

按所引爲禮記王制篇中語，「謂之」王制作「曰」。又王制「國非其國」上有一「曰」字。

禮記王制：「國無九年之蓄，曰不足，無六年之蓄，曰急，無三年之蓄，曰國非其國也。三年耕，必有一年之食，九年耕，必有三年之食，以三十年之通，雖有凶旱水溢，民無菜色，然後天子食，日舉以樂。」

△禮「祖有功，宗有德。」始取天下爲功，始治天下爲德。（註三二）

按此引禮二句，今三禮所未見。

△學禮曰：「帝入東學上親而貴仁，則親疏有序恩思相及矣。帝入南學上齒而貴信，則長幼有差而民不誣矣。帝入西學上賢而貴德，則聖智在位而功不遺矣。帝入北學上貴而尊爵，則貴賤有等而下不踰矣。帝入太學承師問道，退習而考於太傅，罰其不則而匡不及則德智長，治道得矣。」此

五學者既成於上，則百姓黎民化行於下矣。（註三三）

按近人高明教授大戴禮記今註今譯保傅篇題解曰：

這一篇與賈誼新書保傅、傅職、容經、胎教等篇大同小異。……前人因此或疑此篇襲自賈書，班固白虎通引此篇語句，稱「禮保傅」。當是從大戴禮記引用的；或者賈誼和大戴都是從舊記引來的，也未可知。

△明堂之位曰：「篤仁而好學，多聞而道順，天子疑則問應而不窮者謂之道，道者，道天子以道者也，常立於前是周公也。誠立而敢斷，輔善而相義者謂之輔，輔者輔天子之意也，常立於左是太公也。潔廉而切直，匡過而諫邪者謂之拂，拂者拂天子之過也，常立於右是召公也。博學强記，捷給而善對者謂之承，承者承天子之遺忘者也，常立於後是史佚也。」故成王中立聽朝則四聖維之，是以慮無失計，而舉無過事。（註三四）

按此篇見於大戴禮記保傅篇。

五、引三傳

㈠隱括其意

△古者周禮，天子葬用隧，諸侯縣下，周襄出逃百鬪，晉文公率師誅賊，定周國之亂，復襄王之位。於是襄王賞以南陽之地。文公辭南陽，卽死得以隧下，襄王弗聽。曰：「周國雖微，未之或代也。

天子用隧，伯父用隧，是二天子也。以地爲少，余請益之。」文公乃退。（註三五）

按文公請隧之事見於左傳僖公二十五年：「晉侯辭秦師而下，三月甲辰，次於陽樊，右師圍溫，左師逆王。夏四月丁巳，王入于王城，取大叔于溫，殺之于隰城。戊午，晉侯朝王，王享醴。命之宥，請隧，弗許。曰王章也，未有代德而有二王，亦叔父之所惡也。與之陽樊溫原欑茅之田。晉侯於是乎始啟南陽。」

△禮天子之樂宮縣，諸侯之樂軒縣，大夫直縣，士有琴瑟。叔于奚者，衞之大夫也。曲縣者，衞君之禮樂也。繁纓者，君之駕飾也。齊又攻衞，叔于奚率師逆之，大敗齊師。衞於是賞以溫。叔于奚辭溫。而請曲縣繁纓以朝。衞君許之。孔子聞之曰：「惜也！不如多與之邑。夫樂者所以載國。彼樂亡而禮從之；禮亡而政從之，政亡而國從之；國亡而君從之；惜也！不如多與之邑。」（註三六）

按叔于奚請曲縣繁纓以朝事，見於左傳成公二年：「衞侯使孫良夫，石稷，甯相，向禽將侵齊，與齊師遇。石子欲還。孫子曰：『不可。以師伐人，遇其師而還，將謂君何？若知不能則如無出，今既遇矣，不如戰也。』夏有。石成子曰：『師敗矣，子不少須，衆懼盡。子喪師徒，何以復命？』皆不對。又曰：『子國卿也。隕子辱矣。子以衆退，我此乃止。』且告車來甚衆，齊師乃止，次于鞫居。新築人仲叔于奚救孫桓子，桓子是以免。既衞人賞之以邑，辭，請曲縣，繁纓以朝，許之。仲尼聞之，曰：『惜也，不如多與之邑，唯器與名不可以假人。君之所司也，名以出信，信以守器，器以藏禮，禮以行義，義以生利，利以平民，政之大節也。若以假人，與人政也，政亡則國家從之，弗可止也已。』」

六、引論語

㈠明　引

△禮云禮云者，貴絕惡於未萌，而起教於微眇，使民日遷善遠罪而不自知也。孔子曰：「聽訟吾猶人也，必也使無訟乎？」（註三七）

按所引孔子之言，見於論語顏淵篇：子曰：「聽訟，吾猶人也。必也，使無訟乎！」

△子路見孔子之背磬折舉哀曰「唯由也見。」孔子聞之曰：「由也，何以遺亡也？故過猶不及，有餘猶不足。」（註三八）

按「過與不及」語見論語先進篇：子貢問：「師與商也孰賢？」子曰：「師也過，商也不及。」曰：「然則師愈與？」子曰：「過猶不及。」

㈡暗　引

△語曰：「況乎明王執中履衡，言秉中適而據乎宜，故威勝德則淳，德勝威則施。威之與德交若糾纆，且畏且懷，君道正矣。質勝文則野，文勝質則史。文質彬彬，然後君子。」（註三九）

按「質勝文則野」下面四句，見於論語雍也篇：子曰：「質勝文則野，文勝質則史，文質彬彬，然後君子。」此則已將此四句融入誼自家文中矣。

七、引孟子

㈠暗　引

△謂門人學者，舜何人也？我何人也？夫啟耳目載心意，從之移徙，與我同性，而舜獨有賢聖之名，明君子之賢。而我曾無鄰里之聞，窮巷之知者，獨何與然？則舜僶俛而加志，我儃儃而弗省耳！（註四〇）

按「舜何人也？我何人也」語見孟子滕文公上，「我」孟子作「予」。

孟子滕文公上：「顏淵曰：『舜何人也？予何人也？有爲者亦若是。』」

△夫以西施之美而蒙不潔，則過之者莫不睨而掩鼻，今以二三子材而蒙愚惑之智，予恐過之有掩鼻之容也。（註四一）

按所引西施之語，出自孟子離婁下篇，與孟子文稍有異同。

孟子離婁下：孟子曰：「西子蒙不潔，則人皆掩鼻而過之；雖有惡人，齊戒沐浴，則可以祀上帝。」

△夫憂民之憂者，民必憂其憂，樂民之樂者，民亦樂其樂。與士民若此者，受天之福矣。（註四二）

按所引係孟子梁惠王下篇之文：樂民之樂者，民亦樂其樂；憂民之憂者，民亦憂其憂。樂以天下，憂以天下；然而不王者，未之有也。

△禮聖王之於禽獸也，見其生不忍見其死，聞其聲不忍嘗其肉，隱弗忍也。故遠庖厨，仁之至也。

（註四三）

按所引之文見於孟子梁惠王上篇，「嘗」孟子原文作「食」。孟子梁惠王上：「無傷也，是乃仁術也。見牛未見羊也。君子之於禽獸也，見其生，不忍見其死；聞其聲，不忍食其肉。是以君子遠庖厨也。」

第六節　新書佚文考

賈誼新書，因流傳紛亂，加以時代邈遠，亡佚自所難免。其亡佚情形因資料欠缺，不得而知，他書之引用其語者僅寥寥數則而已。而被引用之文，雖有人明言其出自賈書，然亦非完全可信。爲存眞及了解賈書中語之旁見於他書情形，故兼考述之。玆將其佚文逐條列出，並於每條佚文下略作說明。

△神農以爲走禽難以久養，民乃求可食之物，嘗百草，察實鹹苦之味，敎民食穀。

按此爲藝文類聚卷十一，及太平御覽七十八之引文，又八百三十七引同。北堂書鈔卷十亦引「敎民食穀」語。劉師培賈子新書佚文輯補云：「此疑修政語上挩文。」

△古天子二十而冠，帶劍，諸侯三十而冠，帶劍，隸人不得冠，庶人有時得帶劍，無事不得帶。

按此初學記二十二所引。

△天子黑方履，諸侯素方履，大夫素圈履。

按此初學記二十六所引，劉師培賈子新書佚文輯補云：「此上二條（按卽此條及上古天子二十而冠條）疑等齊諸篇挩文。」

△沸唇投塞垣之下。

按此太平御覽三百六十八所引，原注云：「匈奴號也。」劉師培賈子新書佚文輯補云：「此條疑匈奴篇挩文。」

△君子積於仁，而民積於財，刑罰廢矣。

按此文選傅亮爲宋公修楚元王墓敎注所引賈子曰語。祁玉章云：「此條疑漢書誼傳中所引審取舍一段文字之脫文。」

△諸侯彊盛，長亂起姦。

按此文選曹冏六代論引賈誼曰語，陸士衡五等論五臣注引同。祁玉章云：「此條疑藩彊篇之脫文。」

第七節　新書與漢書關係考

賈誼新書，有認爲係取自漢書本傳所載之文，割裂而成者，亦有認爲漢書係節錄自新書者，玆摘取諸說之要者，臚舉於后：

一、認新書爲割裂漢書本傳而成者

清紀昀四庫全書總目卷九十一：

其書多取誼本傳所載之文，割裂其章段，顚倒其次序，而加以標題，殊瞀亂無條理。……今考漢書誼本傳贊，稱『凡所著述五十八篇，掇其切於世事者著傳』……則本傳所載，皆五十八篇所有足爲顯證。

然決無摘錄一段立一篇名之理，亦無連綴十數篇合爲奏疏一篇上之朝廷之理。疑誼過秦論，治安策等，本皆爲五十八篇之一，後原本散佚，好事者因取本傳所有諸篇，離析其文，各爲標目，以足五十八篇之數，故餖飣至此。

二、認爲漢書本傳係節錄自新書者。

王應麟漢書藝文志考證卷五：

今考新書諸篇，其中綴以痛哭者一，流涕者二，太息者四，其餘篇目，或泛論事機而不屬於是三者，如服疑，益壤，權重諸篇是也。班固作傳，分散其書，參差不一，總其大略。

明朱圖隆賈太傅新書凡例：

余考其所著過秦論，所陳治安策與見之前漢書者，其間繁簡不同，固史氏之斷削，而新書，則賈太傅全文也。

余嘉錫四庫提要辨證卷十，子部一：

故凡載於漢書者，乃從五十八篇之中擷其精華，宜其文如萬選青錢，後人於此數篇，童而習之，而新書則讀者甚寡；其書又傳脫誤，語句多不可解，令人厭觀，偶一涉獵，覺其皆不如見於漢書者之善，亦固其所。……至謂新書爲取本傳所載，割裂其章段，顚倒其次序，則尤不然。則班固之掇五十八篇之文，剪裁鎔鑄，煞費苦心，試取漢書與新書對照，其間斧鑿之痕，有顯然可見者。若陳振孫者，其識未必過於盧氏，彼亦徒知讀文從字順之漢書耳，則不以爲漢書錄新書，而反以爲新書錄漢書，固其宜也。乃提要從而附和之，謂此書乃取本傳所載，割裂顚倒，其亦未免汨於俗說也夫。

祁玉章賈子探微（賈子著述考徵）：

班氏雜糅賈子五十八篇之文，以成漢書賈誼本傳，固自云：『誼數上疏，陳政事，多所欲匡建，其大略曰：』又贊：『凡所著述五十八篇，掇其切於世事者著于傳云。』賈子著述五十八篇，班氏掇其切於世事者入於傳，則其剪裁鎔鑄，煞費苦心矣。今試取漢書與新書比而觀之，其間斧鑿之痕，彰然可見。

漢書本傳采自新書，前已屢言之，然班氏删併之痕跡，曾無人細心推尋亦可怪也。今觀治安策以痛哭流涕長太息起，其後即爲痛哭者一，流涕者二，長太息者三，而其文終焉。則痛哭、流涕、長太息者，一篇之骨榦也，以下雜采各篇，破除原次，刪節增竄者兼有之。

第八節　賈誼辭賦考

漢書藝文志詩賦略中列賈誼賦七篇，今日可得而見者僅五篇，即弔屈原賦、鵩鳥賦、惜誓、旱雲賦、虡賦。

弔屈原賦、鵩鳥賦、史記卷八十四、漢書卷四十八誼本傳皆述其寫作之緣由，並錄其全文，當非僞作。惜誓見於王逸楚辭章句，旱雲賦、虡賦見於古文苑。治賈學者，多疑此三篇爲僞作。賈誼所作之賦雖不多，然頗具特色，在賦之發展史上有其一席之地，造詣之高，班志曾引楊子評曰：「如孔氏之門人用賦也，則賈誼登堂，相如入室矣。」玆分別略考論之。

一、弔屈原賦

此乃誼外放長沙，路過湘水，有感而作。名爲弔屈原，實爲傷己也。

史記賈生傳云：

賈生既辭往行，聞長沙卑溼，自以爲壽不長，又以謫去，意不自得。及渡湘水，爲賦以弔屈原。

漢書賈誼傳云：

誼爲長沙王太傅，既以謫去，意不自得，及渡湘水，爲賦以弔屈原。屈原，楚賢臣也，被讒放逐，作離騷賦，其終篇曰：『已矣！國亡人，莫我知也。』遂自投江而死。誼追傷之，因以自諭。

二、鵩鳥賦

此賦作於遠謫長沙之第三年，時爲文帝七年。誼既自悲不得志，以爲長沙卑溼壽不得長，又見不祥之鵩鳥止于坐隅，益增傷感，因成此賦。

史記賈生傳云：

賈生爲長沙王太傅，三年，有鴞飛入賈生舍，止於坐隅，楚人命鴞曰服，賈生既以謫居長沙，長沙卑溼，自以爲壽不得長，乃爲賦以自廣。

漢書賈誼傳云：

誼爲長沙傅，三年，有服飛入誼舍，止於坐隅，服似鴞，不祥鳥也。誼既以謫居長沙，長沙卑濕，誼自傷悼，以爲壽不得長，廼爲賦以自廣。

文選十三卷賦庚鳥獸上賈誼鵩鳥賦并序云：

誼爲長沙王傅，三年鵩鳥飛入誼舍，止於坐隅，鵩似鴞，不祥鳥也。誼既以謫居長沙，長沙卑溼，誼自傷悼，以爲壽不得長，廼爲賦以自廣。

三、惜誓

王逸楚辭章句對此二字之解釋爲：「惜者，哀也。誓者，信也，約也。言哀惜懷王與己信約而復背之也。」

王逸爲東漢人，距誼之時代不遠，雖對「惜誓」二字加以詮釋，惜誓之作者仍疑不能定。楚辭章句卷十一云：

惜誓者，不知誰所作也。或曰賈誼，疑不能明也。

因有「或曰賈誼」之說，故後世推論紛紛，有信惜誓爲誼作者，亦有不信者。

信爲誼作者所持之理由爲：此賦語意類似弔屈原賦。宋洪興祖力主此說，朱熹及王夫之亦表贊同。洪興祖楚辭補注卷十一云：

誼爲長沙王太傅，意不自得，及渡湘水爲賦以弔屈原，賦云：所貴聖之神德兮，遠濁世而自藏，使麒麟可係而羈兮，豈云異夫犬羊。又曰：鳳凰翔于千仞兮，覽德輝而下之，見細德之顯微兮，遙增擊而去之，彼尋常之汙瀆兮，豈容吞舟之魚，橫江潭之鱣鯨兮，因將制於螻蟻。與此語意頗同。

朱熹楚辭集註卷八云：

獨洪興祖以爲其間數語與弔屈原賦詞旨略同，意爲誼作亡疑者。今玩其辭，實亦瓌異奇偉，計非誼莫能及。

王夫之楚辭通釋卷十一云：

今按賈誼渡湘水，爲文以弔屈原，其詞旨與此略同。誼書若陳政事疏，新書，出入互見，而辭有詳略，蓋誼所著，不嫌複出類如此，則其爲誼作審矣。

茲將洪興祖例舉語意類似之句，列表對照如下：

弔屈原賦	惜誓
△所貴聖之神德兮，遠濁世而自藏。使麒麟可係而羈兮，豈云異夫犬羊。	△彼聖人之神德兮，遠濁世而自藏。使麒麟可得羈而係兮，又何異乎犬羊。
△鳳凰翔於千仞兮，覽德輝而下之。見細德之險微兮，遙增擊而去之。	△已矣哉！獨不見夫鸞鳳之高翔兮，乃集大皇之壄。循四海而回周兮，見盛德而後下。

△彼尋常之汙瀆兮 豈容吞舟之魚？ 橫江湖之鱣鯨兮， 因將制於螻螘。	△黃鵠後時而寄處兮， 鴟梟群而制之。 神龍失水而陸居兮， 爲螻蟻之所裁。

持懷疑論調者，以爲誼卒年方三十三歲，而文中有嘆衰老，於情不合。

王耕心賈子次詁：

吾見乎其文雖摛辭高朗，不讓昔賢，而篇首卽云余年老而日衰，其非賈子遺文已不待辨，或以爲假屈原爲辭，尤非事實，屈原之衰健，向無明文可考，今乃妄稱衰老於義何居？且賈子之忠誠，可質屋漏，度湘賦雖頗富遷謫之慨，亦怨而不怒，無愧風人。此文篇首已云衰老，篇中後云壽丹丹而日衰。又云：況賢者之逢亂世哉。又云：遠濁世而自藏。此孝文之世爲亂爲濁，後世猶無此言，況在賈子，若直以此爲賈子所作，何異誣罔先賢，朱子注楚辭，亦姑事因循，要爲千慮一失耳。

以上是有關賈誼作惜誓眞僞之論辯。據近人游國恩及王師更生之考論，則以爲惜誓係賈誼所作。

游國恩楚辭概論云：

第一，賈誼的環境很與屈原相似，而又謫居屈原自況之鄉，至於數年之久，自然不無多少感慨。

他剛渡湘水，便爲文弔屈原，既至長沙以後，這數年中再作一篇來追悼他，是極可能的事。

第二，從惜誓本文看來，極與弔屈原賦用意一致。他們是哀悼屈原不能高舉遠引，有背全身遠害的道。故傳說把惜誓歸於賈誼是極合理的。

第三，篇中詞意明白暢曉，已經是藝術上的進步，而且有些句中子如『黃鵠之一舉兮，知山川之紆曲；再舉兮，睹天地之圜方。』『乃至少原之埜兮，赤松，王喬皆在旁。』『夫黃鵠神龍猶如此兮，況賢者之逢亂世哉？』可與弔屈原賦的『謂隨夷溷兮，謂跖蹻廉；莫邪爲鈍兮，鉛刀爲銛。』及鵩賦的『且夫天地爲爐兮，造化爲工；陰陽爲炭兮，萬物爲銅。』等句對看。這顯然是把散文的形式融合在『騷體』裏面，賈誼是從『楚辭』到『漢賦』的過渡作品中頭一個作者，故他極有作惜誓的資格。

王師更生賈誼學述三篇（賈誼著述錄存）云：

子，惜誓與弔屈原賦，語意重出之句甚多。

丑，惜誓賦中措詞工巧，意曉情暢，將散句融爲騷體，變騷體而爲漢賦，形式上顯較進步，賈誼開枚馬之先河，屈宋之後勁，故其極有著惜誓之可能。

寅，惜誓與弔屈原賦情意一致，同係哀悼屈原之無得高舉遠引，有背全身遠害之道，故謂爲誼作，亦盡情理。

卯，賈生之處境與屈原相似，而又謫居於屈原自沉之鄉，至於數年之久，晨昏低迴，悵然感慨，勢有固然也。是以誼初渡湘水，即爲賦以弔屈原，既至長沙，更作惜誓以追悼，亦人情之常，是以司馬遷史記以屈賈同傳。

四、旱雲賦

王先謙漢書藝文志詩賦略補注引王應麟說：「古文苑有旱雲、簴賦。」古文苑不知何人所輯，宋孝宗淳熙年間，有潁川韓元吉爲記云：

世傳孫巨源於佛寺經龕中得唐人所藏古文章一編，莫知誰氏錄也。皆史傳所不載，文選所未取，而間見於諸集及樂府，好事者因以古文苑目之。

旱雲賦鋪寫白雲蓬勃興起而不雨之情狀，屬詠物賦。宋章樵以爲此賦之作，乃誼懷才不遇，不能行其道而被其澤於民，故托旱雲以遇其意。

古文苑卷三章樵注云：

在易坎爲水，其蘊蒸而上升則爲雲，溶液而下施則爲雨，故乾之雲行雨施，陰陽和暢也。屯之密集不雨，陰陽不合也。在人則君臣合德而澤加於民，亦猶陰陽和暢而澤被於物。賈誼於負超世之才，文帝將大用之，乃爲大臣絳、灌等所阻，卒棄不用，而世不被其澤，故托旱雲以寓其意焉。

嚴可均全漢文卷十五錄有此賦。

五、虡賦

虡賦今所傳者，僅爲散見他書之警策語句，嚴可均全漢文卷十五錄有三則。即

㈠牧太平以深志，象巨獸之屈奇，妙彫文以刻鏤，舒循尾之采垂，舉其巨牙以左右，相指負大鍾而欲飛。（註五）

㈡妙彫文以刻鏤兮，象巨獸之屈奇兮，戴高角之峩峩，負大鍾而顧飛，美哉爛兮，亦天地之大。（註六）

㈢攖擊奉以蟉糾，負大鍾而欲飛。（註七）

【附　註】

註　一　漢書卷三十藝文志，諸子略儒家。

註　二　祁玉章賈子探微第三章賈子著述考徵。

註　三　王師更生賈誼學述三篇。前編賈誼著述錄存。

註　四　大戴禮記解詁卷一。

註　五　又見藝文類聚四十四引。

註　六　又見初學記十六引及古文苑卷二十一。

註　七　又見太平御覽五百八十二引。

註　八　新書卷六容經篇。
註　九　新書卷六春秋篇。
註一〇　新書卷七君道篇。
註一一　新書卷八胎教篇。
註一二　同註八。
註一三　新書卷五保傅篇。
註一四　同註十。
註一五　同註九。
註一六　新書卷四匈奴篇。
註一七　新書卷五連語篇。
註一八　同註八。
註一九　新書卷六禮篇。
註二〇　同註十九。
註二一　同註八。
註二二　同註八。
註二三　同註十九。
註二四　同註十九。
註二五　同註十。
註二六　同註十。

註二七　新書卷十禮容語篇下。

註二八　同註二七。

註二九　新書卷一等齊篇。

註三〇　同註十。

註三一　新書卷四無蓄篇。

註三二　新書卷一數寧篇。

註三三　同註十三。

註三四　同註十三。

註三五　新書卷二審微篇。

註三六　同註三五。

註三七　賈長沙集、論時政疏。

註三八　同註八。

註三九　同註八。

註四〇　新書卷八勸學篇。

註四一　同註四十。

註四二　同註十九。

註四三　同註十九。

第三章　賈誼之時代背景

賈誼生於漢高祖七年（西元前二〇〇年）。是時政治思想甫脫暴秦桎梏，無爲思想頗爲盛行，恭儉薄斂，與民休息，遂成爲漢初政府之政策。蓋屢經戰亂之後，社會經濟破產，人心厭戰，蕭何雖於此時定律，因仍秦舊法（註一），挾書律、妖言令、夷三族諸法皆存在，但仍無碍於戰國晚年黃老思潮之復活。蓋秦人驕奢而法酷，漢則恭儉而民服。賈誼身歷高祖、惠帝、少帝、文帝四朝，躬逢漢室之新興，其思想之成長發展，必受道法二者並存之影響。

漢室始建，學問文章非所重，高祖嘗云：「迺公馬上而得之，安詩書？」正見漢初執政者思想之封閉，學術尚未到達自生自長之地步。黃老無爲思潮，即反映此一時期群衆心理。曹參之隨蕭規不事更易，正不欲無故而擾民也，故其勢必因循秦法，乃至以法爲治，蔚成時勢。至惠帝始去挾書令，下求書之詔，欲補古文六經之學，因喪亂而有之闕失。加以漢初諸王如吳王濞等廣羅游士，枚乘、嚴忌諸人歸焉，以辭賦導奬奢侈，兼之商賈游俠並行，衰微闕失之儒學乃得醞醞其中，對漢初之大統一社會不無平衡作用。玆就所見，逐一評叙於后：

第一節　無爲之治開創漢家基業

戰國紛擾，山東諸侯互相征伐，民生多艱，百家思想之蠭起，無一非欲爲民請命，中國學術思想亦於斯時奠定。大要言之，一爲道家之無爲之治，一爲儒家王道與霸道之辨。儒道思想，競以人類全體福澤爲號角，鼓吹反戰爭，超國家，平等主義及救世熱誠。無欲無爲之老子主張知足、保眞、養我、爲而不恃之人生觀。至莊子、楊朱進而倡隱淪冥寂，不與世務。其時楊朱勢力之大，觀孟子之言可知端倪，孟子云：「天下之言不歸楊，則歸墨。」「楊墨之道不息，孔子之道不著。」（註二）楊朱學說，實乃老子學理之進一層發展，觀列子楊朱篇云：「古之人，損一毫利天下不與也。悉天下奉一身不取也，人人不損一毫，人人不利天下，天下治也。」老子之重無爲，意在以之治天下，故曰：「我無爲而民自化。」「無爲之益，天下希及之。」楊朱則從守分入手，與老子「自勝曰强」說若合符節。漢興，君臣多來自民間，或爲刀筆吏，或爲屠狗，或爲亡命，草莽英雄不習文事。陸賈曾於帝前稱詩書，高祖直罵之曰：「乃公居馬上而得之，安事詩書？」（註三）雖陸賈折之以：「馬上得之，寧可以馬上治之乎？」祇換來高祖之不懌，有慙色而已。沛公亦曾罵酈食其爲豎儒，其時左右皆知沛公嫚易儒者，酈食其欲見沛公，左右卽警以：「沛公不喜儒，諸客冠儒冠來者，沛公輒解其冠，溺其中，與人言，常大罵，未可以儒生說也。」（註四）又叔孫通著儒服，漢王憎之，乃變其服，服短衣，楚製，漢王喜。儒家思想，於漢初不易振興，不易與無為思想並篤，良有以也。

秦二世時，刑繁誅酷，繇役過度，賦斂苛重。秦失其鹿，楚漢相爭，歷時五年。生靈塗炭，原野荒蕪，社會經濟疲弊，據漢書卷四十三婁敬傳云：

> 與項籍戰滎陽，大戰七十，小戰四十，使天下之民肝腦塗地，父子暴骸中原，不可勝數。

六國之民，不為各國君主所愛，杜牧云：「滅六國者六國也。」使六國之君各愛其民，則足以抗秦，然事實正相反，時君搜羅國人寶物以事秦，秦坐享其成，鼎鐺玉石，金塊珠礫多至可以棄擲不惜，二世後窮奢極侈，國本為之動搖，加之楚漢相爭，民愈不聊生矣。漢帝國卽承此殘破之局，來自民間之君臣，又曾目睹鬻子相食之悲慘，故亟思予民休息，於是乎天子律於上，群臣約以下，省刑罰，薄賦斂。漢書卷二十四食貨志上載云：

> 上（高祖）於是約法省禁，輕田租，什五而稅一，量吏祿，度官用，以賦於民。而山川園池市肆租稅之入，自天子以至封君湯沐邑，皆各為私奉養，不領於天子之經費。漕轉關東粟以給中都官，歲不過數十萬石。孝惠、高后之間，衣食滋殖。文帝卽位，躬修節儉，思安百姓。時民近戰國，皆背本趨末。

民失作業，死者過半，天子不能具醇駟，將相乘中車，一旦經過休養，元氣復蘇，文帝除民田之租稅，景帝三十而稅一，都鄙廩庾盡滿，京師之錢鉅萬，貫朽而不可校，太倉之粟，陳陳相因，巷街有馬，千百成群，守閭閻者食粱肉，人人自愛而難犯法，罔疏而民富，是物衰而盛也。

漢之功臣名將，祗張良其先五世相韓。張蒼爲秦御史，主柱下方書，蕭何以文毋害爲沛主吏掾，曾參爲獄掾，任敖爲獄吏，其餘如周勃織薄曲爲生，常以吹簫給喪事，樊噲屠狗爲事，灌嬰睢陽販繒者，比比皆是。一旦定天下，反無所措手足。儒生之言多迂，高祖不悅，雖叔孫通曾爲之定禮制，使高帝頓悟，曰：「吾今日知爲皇帝之貴也。」（註五）不復見往日群臣之爭功妄呼，醉以劍擊柱，高祖厭其卑而莫可奈何，然終不用儒道治國。蕭何雖以功大獲准賜帶劍履上殿，然終何一生亦未更秦苛法，國人便之，曹參更以惠帝聖武不及高祖，己賢不及蕭何而自恕云：「高皇帝與蕭何定天下，法令既明具，陛下垂拱，參等守職，遵而勿失，不亦可乎？」（註六）黃老之術班固贊之云：「蕭何、曹參皆起秦刀筆吏，當時錄錄未有奇節，漢興，依日月之末光……二人同心，遂安海內。」（註七）其後陳平爲左右丞相，平本治黃帝、老子術，亦緣舊法，與民休息。蓋大難後，最佳療藥捨此別無他方，然斯時之無爲，是眞無爲也。非如老子之以「無爲」爲因，「無所不爲」爲果。老子知善下者能爲百谷王，無爲者無敗，無執者無失，處牝處下處靜，終可兼人，故於老子五十七章云：

以正治國，以奇用兵……我無爲而民自化，我好靜而民自立，我無事而民自富，我無欲而民自樸。

漢初之治，非若是之以權謀屈人，其無爲，時也、勢也。君臣出身鄙樸，故能眞誠行之，雖陳平習黃老權術，亦自謙云：「我多陰謀，道家之所禁，吾世卽廢，亦已矣，終不能復起，以吾多陰禍也。」（註八）

權謀只用之兵間與其後之安劉氏及保己身，於國於民，不用「權謀」。且功臣之不學，祇能行已成之律令，難知政制改革，君上亦安於「國家無事」，使政通人和，樂得執「君人南面之術」實僅具老子「無爲之治」之名而已。

第二節　嚴酷法治完成專制集權

法家所用之法略似儒家之禮。禮禁於未然之先，法亦未嘗不可禁於未然之前，且法之功顯而易見，禮之用未必可顯，而法之與黃老，又爲表裏，韓非即以解老、喻老爲其法學思想根據，法家乃積極以法治世，效率高，且無人亡政息之悲，誠如韓非所云：

堯舜桀紂，千世而一出……中者，上不及堯舜，而下亦不爲桀紂，抱法則治，背法則亂。廢勢背法而待堯舜，堯舜至乃治，是千世亂而一治也。抱法處勢而待桀紂，桀紂至乃亂，是千世治而一亂也。（註九）

此明言堯、舜、桀、紂皆不可常見，世之人主，大抵均屬中材，只要立法良善，即能致治。若僅盼堯舜之降臨而不知立良法，是只有亂而無治矣。故韓非對儒家之專盼堯舜，痛惡桀紂，不求良法以建立國家基礎之弊痛下針砭。

漢初之法治精神，與黃、老治術相表裏。當時功臣將相，既不知制訂法律制度，無所創作，故一切政令、禮制、法律、悉因襲亡秦之舊。秦法雖苛，世已習之，漢經久亂之後，民之尚勇肆暴成習，不可無法以治之，苟尚禮而不重法，猶無隄以防洪水，其病孫卿已評之矣。孫卿云：「殺人者不死，傷人者不刑，是惠暴而寬惡也。」又云：「罪至重而刑至輕，民無所畏，亂莫大焉。」

漢惠帝四年（西元前一九一）三月甲子，皇帝冠，赦天下。省法令妨吏民者，除挾書律。挾書者應劭注云藏也。張晏注云：「秦律，敢有挾書者族。」

挾書令至惠帝四年始除，則前此所謂：「高祖入關，約法三章曰：『殺人者死，傷人及盜抵罪。』蠲削煩苛，兆民大說。」及叔孫通傳所謂：「高帝悉去秦儀法，爲簡易」者，蓋高祖不修文學，性明達，好謀、能聽，順民心作三章之約，皆不及挾書之禁，天下既定，蕭何攈摭秦法，取其宜於時者，作律九章（註一〇）亦不及除挾書令，民於秦苛法已安之若素矣。晉書卷三十刑法志云：「叔孫通益律所不及傍章十八篇。」前史書未言，未審眞僞，然取其宜於時者，既廢秦律，再建新律，實出於不得已也。時事萬變，適時務之作也。

自戰國以降，法家攀附老子，法家所謂「無爲而治」乃謂以一完美之法創設於先，一切事理遵循此一既定之法，官吏各安其職，人民各樂其業，各守本分，則君上可以無爲而養松喬之壽，鳴琴垂拱，不言而化！漢初黃老治術，貴因循，政制律令、禮樂刑罰無所新創，因循秦舊法，其刻削亦如秦，漢初諸大臣，每有犯罪，輒依法處以極刑，或諷令自殺，益足證其爲假黃老之名，行法治之實。史記老子韓非列傳云：「申子之學，本於黃老而主刑名。」又云：「韓非者……喜刑名法術之學，而其歸本於黃老。」漢初亦主刑名，喜刑名法術。

漢興之初，雖高祖只與民約法三章，似法網疏闊，可漏呑舟大魚，然大辟之刑，尚有夷三族之令。其令曰：「當三族者，皆先黥、劓、斬左右止，笞殺之，梟其首，菹其骨肉於市，其誹謗詈詛者，又先斷舌。」故謂之五刑，彭越，韓信之屬皆受此誅。三族罪除，乃在高后元年，孝文皇帝以高帝中子入統大業，二年，詔議除罪及父母妻子同產相坐。周勃，陳平反對，奏謂：「父母妻子同產相坐及收，所以累其心，使重犯法也。收之之道，所由來久矣。臣之愚計，以爲如其故便。」幸文帝仁慈，下詔再議，以爲牧民導之以善，既不能導，又以不正之法罪之，是反害於民，爲暴者也。有罪不收，無罪不相坐，盡除收律，相坐法，卒得大臣認可而除去。

史雖盛稱文帝「賢聖仁孝」，然用刑依然慘酷，即位十三年，緹縈上書乞代贖父罪，乃詔除黥、劓、刖肉刑，丞相張蒼等奏當劓者，笞三百，當斬左止者，笞五百，當斬右止及殺人先自告者棄市，既經文帝批准後，於是天下後世竟有文帝輕刑之名，而刑實傷人致死，所謂笞五百，三百者，率多死。即幸而不死，不成人形矣。景帝時，丞相劉舍改請笞臀，自是笞者得全，而文帝時之笞背可知也。背薄如餅，受笞者率多死於重笞，刑曷嘗輕？

漢之慘酷刑罰，實沿於秦，霸道王道參用，然以有黃老爲其治之名，民心悅而附之，嚴法隨於黃老之后，大臣震懾皆奉公，中央集權因之鞏固。漢因秦法得祚四百年，秦自用其法，自孝公朝以迄子嬰之降，卻僅得十五年，此因其能剛柔並濟使然也。

第三節　百家爭鳴、儒術多門

戰國時代各家思想，在極端自由氣氛中孳長，劉師培國學發微一書云孔子兼九流術數諸學。錢穆云諸子所稱引，其間多有出入，可以相通，固不可拘泥九流十家之別。近人傅斯年氏性命古訓辨證下卷第一章漢代，性之二元說亦持此說，因可據其說明以見漢代學術之趨勢：

在西漢以至東漢之初，百家合流而不覺其矛盾，揉雜排合而不覺其難通，諸家皆成雜家，諸學皆成雜學。名曰尊諸孔子，實則統於陰陽，此時可謂爲綜合之時代。

已趨異之百家學術由於互相影響而漸趨混合，至漢代儒家雖漸成爲顯學，然因各家競相援引，儒學遂流爲混雜而不單純。此時，各家競相援引，遂藉儒服以爲掩護，乘機發揚己學，凡誦詩讀書者，皆稱爲「儒」。故沈剛伯氏曾云：「混雜愈多，其象愈泯，等到百家罷黜，其風行於世的儒家，因早已不是孔子所祖述講授之道；那眞可說是微言早絕，大義永乖了。」（註一一）因各家之滲透而形混雜，漢代儒學，從此呈現一新型態。

由上所述，得知漢初儒學極爲不單純，近人沈剛伯氏分秦漢儒爲五類（註一二），玆撮要轉述如下，以見漢初儒學之一般。

㈠刑名法術之儒：假王道大纛，行法家齊民之思想，以戰國荀卿爲始祖，李斯繼之，漢初之張蒼，鼂錯承之。

㈡縱橫捭闔之儒：戰國時之游士，旦暮之間，可由布衣一躍爲卿相。一怒而諸侯懼，安居而天下熄，世人以爲「大丈夫」。入漢後，因囿於當時之政治環境，而私淑子貢，自附於儒者行列，如酈食其、陸賈、婁敬之流是。此派於文、景後，無用武之地，乃棄縱橫捭闔之術而專從事辭章，遂由「儒林」而入「文苑」行列。

㈢陰陽休咎之儒：史稱騶衍「深觀陰陽消息」「稱引天地剖判以來，五德轉移，治各有宜。」「然要其歸，必止乎仁義節儉。」（註一三）究其原意，與儒家基本學理相通，至秦，此類學者如侯生、盧生等，「誦法孔子」，朝野遂以儒生目之，其自居亦以儒生名世。而高祖爲亭長時，夜行大澤中，有大蛇當道，拔劍斬之，後有白帝子被赤帝子所斬謠傳，高祖因此自重，故以大德自居，旗號皆尚赤。按之陰陽五行休咎，漢書五行志云：「震在東方，爲春爲木也；兌在西方，爲秋爲金也；離在南方，爲夏爲火也；坎在北方，爲冬爲水也。」高祖以火德自居，乃敷以斬白蛇故事而已：其後又以漢承周業以水德王，賈誼之議，以爲秦滅於漢，秦水德，土尅水，故漢當以土德王，色尚黃，主張易服色，黃爲土德故也。春秋有災異機祥，漢之董子、劉子卽據陰陽消息之道解春秋，兩漢儒學，幾以之爲正宗矣。

㈣黃老兼治之儒：極端動亂之後而思靜，乃物極之反，趨勢有必至，故漢初黃老思想獨盛，學者亦往往儒道兼修，老子之三寶，慈、儉、不敢爲天下先，又與孔子之仁、儉、讓大致相合，故漢室開國

六、七十年間，帝、后、大臣儒其表者亦多崇尙黃老。

㈤雜揉百家之儒：漢書藝文志之論雜家云：「雜家者流，蓋出於議官，兼儒墨，合名法，知國體之有此，見王治之無不貫，此其所長。」此派學者，以兩漢通儒，出自吳公，李斯門下之賈誼爲泰斗。漢儒門類之雜若是，賈誼置身其間，烏能不受薰染？

【附註】

註　一　漢書刑法志：「三章之法不足以禦姦，於是相國蕭何攈摭秦法，取其宜時者，作律九章。」

註　二　孟子滕文公下。

註　三　史記卷九十七陸賈列傳。

註　四　漢書卷四十三酈食其傳。

註　五　漢書卷四十三叔孫通傳。

註　六　漢書卷三十九曹參傳。

註　七　同註六。

註　八　漢書卷四〇陳平傳。

註　九　韓非子卷十七難勢篇。

註一〇　唐律疏議：「周衰刑重，戰國異制，魏文侯師於李悝，集諸國刑典，造法經六篇：一盜法，二賊法，三囚法，四捕法，五雜法，六具法。商鞅傳授，改法爲律。漢相蕭何更加悝所造戶興廐三篇，謂之九章六律。」

註一一　沈剛伯「秦漢的儒」、大陸雜誌第三十八卷第九期。

註一二　同註十一。

註一三　史記卷七十四孟子荀卿列傳。

第四章　賈誼之思想淵源

賈誼博覽群書，擷取儒家思想，兼採各家學說，而以儒家思想所佔之成份較多，故漢書藝文志於諸子略儒家載「賈誼五十八篇」，自漢迄唐，各朝史志，亦咸列賈誼於「儒家」，至宋史藝文志始列入「雜家」。

儒術在漢初未見獨尊，諸子百家之書及傳記，皆充秘府，學者於周、秦諸子之學等量齊觀，不專治經學，亦無醇儒。賈誼生當其時，各學派思想混合而具有之多元性，正爲其思想所應具，不得責之以「雜」也。

試究其學術主張，可見賈誼之思想與各家學術關係之深淺。

第一節　與儒家思想之關係

一、仁政愛民

儒家重視行仁政，如孟子認爲：「三代之得天下也，以仁；其失天下也，以不仁。國之所以興廢存亡者亦然。天子不仁，不保四海；諸侯不仁，不保社稷；卿大夫不仁，不保宗廟；士庶人不仁，不保四體。」（註一）如果「君行仁政；則民親其上，死其長矣。」（註二）於是「天下之仕皆欲立於仁者之朝，耕者皆欲耕於仁者之野，商賈皆欲藏於仁者之市，行旅皆欲出於仁者之塗，天下之欲疾其君者，皆欲赴愬於王（仁者）。其若是，孰能禦之。」至於「君子之事君」，孟子亦主張「務引其君……志於仁」（註三）儒家之論政若是，賈誼亦然。其過秦論中云：

秦王懷貪鄙之心，行自奮之智，不信功臣，不親士民，廢王道而立私愛，焚文書而酷刑法，先詐力而後仁義，以暴虐爲天下始。

過秦論上又云：

秦以區區之地，致萬乘之勢，序八州而朝同列，百有餘年矣。然後以六合爲家，殽函爲宮。一夫作難而七廟墮，身死人手，爲天下笑者，何也？仁義不施，攻守之勢異也。

欲矯正此失，賈誼以爲必須行仁政，故脩政語上引帝嚳云：

德莫高於博愛人，而政莫高於博利人，故政莫大於信，治莫大於仁。

治安策云：

夫仁義厚恩，人主之芒刃也；權勢法制，人主之斤斧也。今諸侯王皆髖髀也，釋斤斧之用，而欲嬰以芒刃，臣以爲不缺則折。

大政篇下云：

故忠諸侯者，無以易敬士也，忠君子者，無以易愛民也。「忠君子」即「敬士」，士或君子雖當盡心敬之，但不可以此取代對人民之愛，故賈誼云：「一民或飢，秉政者，必云：『此我飢之也。』一民或寒，亦必云：『此我寒之也。』一民有罪，亦云：『此我陷之也。』」（註四）此種愛民思想，即儒家仁政思想之見於賈誼者。

二、正身

儒家論爲政首重正身，故季康子問政於孔子，孔子對曰：「政者正也，子帥以正，孰敢不正？」（註五）哀公問政，孔子亦對曰：「政者，正也。君爲正則百姓從政，君之所爲，民之所從也。君所不爲，百姓何從？」（註六）孔子認爲身正令行，「其身正，不令而行。其身不正，雖令不從。」（註七）蓋「君子之德風；小人之德草；草上之風必偃。」（註八）。孟子亦云：「君仁莫不仁，君義莫不義，君正莫不正；一正君而國定矣。」（註九）國人不正，君子必自反：「愛人不親，反其仁；治人不治，反其智，禮人不答，反其敬。行有不得者，皆反求諸己；其身正，而天下歸之。」（註一〇）

賈誼論政，也主張君吏應正身以率民，因士民之行全以君吏之率爲依歸，君吏善則士民善，君吏惡則士民惡（註一一）民之不善，乃吏之罪，吏之不善，乃君之過（註一二）國君爲風氣之領導者，爲官吏之表率，其言行對士民之影響極其深遠！故大政篇上云：

故夫士民者，率之以道，然後士民道也；率之以義，然後士民義也；率之以忠，然後士民忠也；率之以信，然後士民信也。

道術篇云：

人主仁而境內(和)矣，故其士民莫弗親也；人主義而境內理矣，(故)其士民莫弗順也；人主有禮，而境內肅矣，故其士民莫弗敬也；人主有信，而境內貞矣，故其士民莫弗信矣；人主公而境內服矣，故(其)士民莫弗戴也；人主法而境內軌矣，(故)其士民莫弗輔也。

這豈不正同於儒家「風行草偃」之正身思想。

三、民本

我國「民本思想」，遠在三代之時，就已出現。尙書臯陶謨曾云：「天聰明，自我民聰明；天明畏，自我民明威。」又五子之歌（尙書）亦云：「民爲邦本，本固邦寧。」至孟子更將此種思想予以具體發揮，孟子認爲「君輕民貴」，獨夫可誅，民心之愛好可更換，對人民之尊重卻不可不具（註一三），因爲「天下之本在國，國之本在家，家之本在身」（註一四）賈誼之民本思想大抵與孟子同。如大政篇上云：

聞之於政也，民無不爲本也。國以爲本，君以爲本，吏以爲本。故國以民爲安危，君以民爲威侮，吏以民爲貴賤，此之謂民無不爲本也。聞之於政也，民無不爲命也……聞之於政也，民無不爲功也。……聞之於政也，民無不爲力也，故國以爲力，君以爲力，吏以爲力。故夫戰之勝也。民欲勝也；攻之得也，民欲得也；守之存也，民欲存也。

此將一切政治之存亡、成敗、勝負，悉委諸民命，民功，民力，何異於孟子之謂「天時不如地利，地利不如人和。」又如大政篇上云：

故君子之貴也，士民貴之，故謂之貴也。故君子之富也，士民樂之，故謂之富也。

此與孟子「民貴君輕」之思想亦頗相近。又如大政篇上云：

故自古至於今，與民爲仇者，有遲有速，而民必勝之。與民爲敵者，民必勝之。故夫諸侯者，士民皆愛之，則國必興矣；故士民皆苦之，則國必亡矣，故夫士民者，國家之所樹，而諸侯之本也，不可輕也。

胎教篇亦云：

是以國不務大，而務得民心，佐不務多，而務得賢；得賢者而賢者歸之。

此與孟子「得民心」之思想若合符節。

四、德 政

儒家論政，最重德教，孔子曾比較德教與刑罰之得失云：「道之以政，齊之以刑。民免而無恥，道之以德，齊之以禮，有恥且格。」（註一五）並指出德教之廣受推戴云：「爲政以德。譬如北辰，居其所，而众星共之。」（註一六）孟子更具體道出：「善政，不如善教之得民也，善政，民畏之；善教，民愛之。善政，得民財；善教，得民心。」（註一七）「以德服人者，中心悅而誠服也。如七十子之服孔子也—詩云：『自西自東、自南自北，無思不服。』此之謂也。」（註一八）又謂：「不敎民而用之，謂之殃民；殃民者，不容於堯、舜之世。」（註一九）由此可知，儒家如何重視德敎。

賈誼論政亦主德敎。如脩政語篇上云：

仁行而義立，德博而化富。故不賞而民勸，不罰而民治，先恕而後行，是故德音遠也。

大政篇上云：

故與其殺不辜也，寧失於有罪也。故夫罪也者，疑則附之去已，夫功也者，疑則附之與已，則此無有毋罪而見誅，毋有功而無賞者矣。戒之哉戒之哉！誅賞之愼焉。故古之立刑也，以禁不肖，以起怠惰之民也。是以一罪疑，則弗遂誅也，故不肖得改也。故一功疑，則必弗倍也，故愚民可勸也。是以上有仁譽，而下有治名。疑罪從去，仁也；疑功從予，信也。戒之哉戒之哉！愼其下，故誅而不忌，賞而不曲；不反民之罪而重之，不滅民之功而棄之。故上爲非則諫而止之，以道紀之，下爲非則矜而恕之，道而赦之，柔而假之，故雖有不肖民，化而則之。

大政篇下云：

「刑罰不可以慈民，簡泄不可以得士」。故欲以刑罰慈民，辟其猶以鞭狎狗也，雖久弗親矣。夫民者諸侯之本也，敎者政之本也，道者敎之本也。有道，然後敎也，有敎，然後政治也；

政治，然後民勸之，民勸之，然後國豐富也。

治安策云：

故世主欲民之善同，而所以使民善者或異。或道之以德教，或驅之以法令。道之以德教者，德教洽而民氣樂；驅之以法令者。法令極而民風衰。哀樂之感，禍福之應也。

又云：

湯武置天下於仁義禮樂，而德澤洽。……秦王置天下於法令刑罰，德澤亡一有，而怨聲盈於世，……今或言禮誼之不如法令，教化之不如刑罰，人主胡不引殷周秦事以觀之也。

以上有關「德教」之主張，儒家思想固顯而易見。

五、禮治

禮治爲儒家論政之基本主張，孔子重仁，而以禮成之。然孔子言禮，僅重其事而未詳其要義，孟子亦然。及至荀子著禮論，禮之基本理論，於是大備。論語云：

定公問：「君使臣，臣事君，如之何？」孔子對曰：「君使臣以禮，臣事君以忠。」（註二〇）

子曰：「能以禮讓爲國乎，何有？不能以禮讓爲國，如禮何？」（註二一）

上好禮，則民易使也。（註二二）

知及之，仁能守之，莊以涖之，動之不以禮，未善也。（註二三）

又孟子云：

子貢曰：「見其禮而知其政，聞其樂而知其德。」（註二四）

無禮義，則上下亂。（註二五）

禮以「明分」荀子此說仍與孔孟同，而意義則較爲明晰，故云：禮者，貴賤有等，長幼有差，貧富輕重皆有稱者也。」（註二六）再談到禮與慉欲之關係，就見出「禮」與「養慾」之作用。知道「以禮節用」可以富國，可以裕民，可以「上事天，下事地，尊先祖，而隆君師」（註二七）賈誼之論禮亦若是。如禮篇云：

故道德仁義，非禮不成；教訓正俗，非禮不備，分爭辯訟，非禮不決；君臣上下父子兄弟，非禮不定；宦學事師，非禮不親；班朝治軍，蒞官行法，非禮威嚴不行；禱祠祭祀，供給鬼神，非禮不誠不莊。是以君子恭敬撙節退讓以明禮。

禮者所以固國家，定社稷，使君無失其民者也。主主臣臣，禮之正也；威德在君，禮之分也，尊卑大小强弱有位，禮之數也。禮，天子愛天下，諸侯愛境內，大夫愛官屬，士庶各愛其家。失愛不仁，過愛不義，故禮者所以守尊卑之經，彊弱之稱者也。

傳篇云：

夫禮者禁於將然之前，而法者禁於已然之後，是故法之所用易見，而禮之所爲生難知也。若夫慶賞以勸善，刑罰以懲惡，先王執此之政，堅如金石，行此之令，信如四時，據此之公，無私如天地耳，豈顧不用哉？然而曰禮云禮云，貴絕惡於未萌，而起教於微眇，使民日遷善遠罪，而不自知也。孔子曰：「聽訟吾猶人也，必也使毋訟乎。」

治安策云：

以禮義治之者，積禮義；以刑罰治之者，積刑罰。刑罰積而民怨背，禮義積而民和親。

賈誼以「禮」爲人之行爲規範，社會結構之精神，政治組織之原理，所謂「禮者自行之義，養民之道也」，此以禮出於自行，則較孔孟荀卿之說更明白曉暢矣。

六、任 賢

禮記禮運大同篇云：「大道之行也，天下爲公。選賢與能，講信修睦。」仲弓爲季氏宰，曾向孔子問政，孔子答曰：「先有司，赦小過，舉賢才」（註二八）哀公問孔子「何爲則民服？」孔子亦對曰：「舉直錯諸枉，則民服。舉枉錯諸直，則民不服。」（註二九）至於孟子，公孫丑上篇亦云：「尊賢使能，俊傑在位；則天下之士，皆悅而願立於其朝矣。」盡心下云：「不信仁賢，則國空虛。」由此，可見儒家對任賢之重視。因賢人能使國治民安，賈誼亦主張任賢。大政篇下云：

賢人不舉，而不肖人不出，此君無道。

脩政語篇上云：

故諸君得賢而舉之，得賢而與之，譬其若登山乎。得不肖而舉之，得不肖而與之。譬其若下淵乎。故登山而望，其何不臨，而何不見？凌遲而入淵，其孰不陷溺？是以明君愼其舉，而君子愼（其）與，然後（福）可必歸，菑可必去矣。

脩政語篇下云：

故聖（王）在上，則使盈境內，（以興）賢良，以禁邪惡，故賢人必用，而不肖人不作，則（民）得其命矣。

胎教篇云：

故無常安之國，無宜治之民，得賢者顯昌，失賢者危亡。

至於選賢之法，賈誼主張由民意決定。如大政篇下云：

上選吏焉，必使民與焉。故士民譽之，則明上察之，見歸而譽之。故士民苦之。明上察之，見非而（去）之。故王者取吏不忘，必使民唱，然後和之，故夫民者，吏之程也。

此選吏之法，以人民之愛戴與否爲依據，使人民參與對吏之選舉，孟子亦曾有此主張。如梁惠王篇下云：

左右皆曰賢，未可也。諸大夫皆曰賢，未可也。國人皆曰賢，然後察之；見賢焉，然後用之。左右皆曰不可，勿聽。諸大夫皆曰不可，勿聽；國人皆曰不可，然後察之，見不可焉，然後去之。

足證賈誼之任賢思想未與儒家異趨。

七、性習說

賈誼「性習說」，與孔子之說極爲相似。孔子曰：「性，相近也；習，相遠也。」（註三〇）又曰：「惟上智與下愚不移。」（註三一）上智，生而知之者，下愚，雖困而不學者也。此兩種人不爲教育所左右，但此類人世上極少有，一般人性習相近，都有爲善之可能性，但受環境或教育之影響，終至相去甚遠，如保傅篇云：

> 習與正人居之不能無不正也，猶生長楚（地），不能不楚言也。故擇其所嗜，必先受（業），乃得嘗之，擇其所樂，必先有習，乃能爲之。孔子曰：「少成若天性，習慣若自然」，是殷周之所以長有道也。

又云：

> 趙高傅胡亥而敎之獄，所習者非斬劓人，則夷人之三族也。故今日卽位，明日射人，忠諫者謂之誹謗，深爲之計者謂之妖言。其視殺人若艾草菅然，豈胡亥之性惡？其所以（習）道之者，非理故也。

胡亥豈因本性惡哉？彼以敎導使然，所謂「染於蒼則蒼，染於黃則黃。」重視敎育，改變環境，固可增加學習之效果，變化個人之習性；然人類之秉賦聰潁，難免受遺傳之影響，故孔子主張「中人以上，可以語上也。中人以下，不可語上也。」（註三二）又云：「生而知之者，上也。學而知之者，次也。困而學之，又其次也，困而不學，民斯爲下矣」（註三三）。賈誼亦將性分爲上、中、下三品。如連語篇云：

臣又竊聞之曰：「有上主者，有中主者，有下主者。上主者，可引而上，不可引而下；下主者，可以引而下，不可引而上；中主者，可引而上，可引而下。」故上主者，堯舜是也。夏禹（契）后稷與之爲善，則行；鯀驩兜欲引而爲惡，則誅；故可與爲善。而不可與爲惡。下主者，桀紂是也，雖修惡來進與爲惡，則行；比干龍逢欲引而爲善，則誅；故可與爲惡，而不（可）與爲善。所謂中主者，齊桓公是也，得管仲、隰朋，則九合諸侯；豎貂、子牙則餓死胡宮，蟲流而不得葬。

由上觀之，賈誼之「性習說」，實近于孔子「性相近，習相遠」之說，而更重視有賢者以相引也。

第二節　與道家思想之關係

一、效法自然

道家重視自然理法，認爲「人法地，地法天，天法道，道法自然。」（註三四）要人「無以人滅天，無以故滅命。」（註三五）因「滅天」與「悖命」皆違反自然。賈誼亦主張順法自然。如容經篇云：

仰則觀天文，俯則察地理，前視則睹鸞和之聲，側聽則觀四時之運，故力不勞而身大盛，此全人之化也。

觀天文，察地理，觀四時之運，卽道家所主張之道法自然。所謂順自然者身存，恃人爲者受挫。故制不定篇中云：

屠牛坦一朝解十二牛，而芒刄不頓者，所排擊所剝割皆衆理也。

依牛之理而解之，此說當得之於莊子養生主篇庖丁解牛之法。

至其脩政語上篇所引黃帝之言：「道若川谷之水，其出無已，其行無止」。意亦近似老子所謂「谷神不死是謂玄牝，玄牝之門，是謂天地根，緜緜若存，用之不勤。」（註三六）

二、達天知命

賈誼達天知命之出世思想，在鵩鳥賦中處處可見。如：

且夫天地爲爐兮，造化爲工；陰陽爲炭兮，萬物爲銅，合散消息兮，安有常則；千變萬化兮，未始有極。忽然爲人兮，何足控摶；化爲異物兮，又何足患？小知自私兮，賤彼貴我；達人大觀兮，物無不可。

此與莊周之「明乎坦途，故生而不悅，死而不禍。」（註三七）及「浸假而化予之左臂以爲雞，予因以求時夜，浸假而化予之右臂以爲彈，予因以求鴞炙，浸假而化予以尻以爲輪，以神爲馬，予因而乘之，豈更鴐哉」（註三八）辭異而意同。又莊周認爲以道觀物，物無貴賤，貴賤出自世俗，從各種不同觀點比較而來，非物之所固有。至人、聖人、神人識此，故無己、無功、無名而隨變化以逍遙（註三九）賈誼亦有類似之思想，如鵩鳥賦云：

貪夫徇財兮，烈士徇名；夸者死權兮，品庶馮生。怵迫之徒兮，或趨西東，大人不曲兮，億變齊同。拘士繫俗兮，攌若囚拘；至人遺物兮，獨與道俱。衆人或或兮，好惡積意；眞人澹澹兮，獨與道息。釋知遺形兮，超然自喪；寥廓忽荒兮，與道翺翔。

蓋人之有煩惱，乃出於名利價値之辨別。辨別則有取捨有惑，去此辨別而齊同之，尙何取捨之有？何惑之有？賈誼參透此理，乃遺物而超出世俗之好惡。自期能：「乘流則逝兮，得坻則止；縱軀委命兮，不私與己。其生若浮兮，其死若休；澹虖若深淵之靜，氾虖若不繫之舟，不以生故自寶，養空而遊，德人無累，知命不憂。（註四〇）

賈誼於遭遇一連串宦途挫折之後，似已由儒家積極之淑世願望轉入老莊思想。然終不能不弊弊焉以天下爲事，所得於老莊者固亦有限。

三、無爲而爲

道家在政治上最重要之主張是無爲，其於世人，作焉而不辭，生而不有，爲而不恃（註四一）主張「無爲而民自化，好靜而任民自正。」（註四二）認爲天下多忌諱而民彌貧，朝多利器，國家滋昏，人多伎巧，奇物滋起，法令滋章，盜賊多有。（註四三）莊子應帝王篇亦云：至人之用心若鏡，不將不逆，應而不藏，故能勝物而不傷。

賈誼處漢初黃老思想盛行之時，受此環境思潮影響，故於治道亦主張「無爲」。其道術篇云：鏡儀而居，無執不臧，美惡畢至，各得其當，衡虛無私，平靜而處，輕重畢懸，各得其所。明主者，南面而正，清虛而靜，令名自宣，命物自定，如鑑之應，如衡之稱，有舋和之，有端隨之，鞠其極而以當施之，此虛之接物也。

此一「明主者南面而正」，「清虛而靜」，「令名自宣」「命物自定」之主張，與老莊「無爲而治」之政治思想極爲相近。特在政治上未能不尙賢，與老子之無爲仍有一間之隔。

四、節儉寡欲

老子爲自然主義者，在政治上主張無爲，在社會民生方面，主張節儉寡欲，他認爲節約成習，自然見素抱樸；奢侈品禁絕之後，自然少施寡欲。如老子第三章云：

不貴難得之貨，使民不爲盜；不見可欲，使民心不亂。

人人節約寡欲，社會自然安定。然而賈誼之時，漢室經濟已由殘破之中復甦，由於工商業發達，土地兼併之風興起，社會風氣日益敗壞，驕侈淫靡，相競成習，機詐巧變，從而生焉。故賈誼主張節儉寡欲。如瑰瑋篇云：

今去淫侈之俗，行節儉之術，使車輿有度，衣服器械各有制數，制數已定，故君臣絕尤，而上下分明矣。擅退則讓，上僭者誅，故淫侈不得生，知巧詐謀無爲起，姦邪盜賊自爲止，則民離罪遠矣。

基於「上所好，下必有甚焉」之理，賈誼認爲節儉之風，應由國君做起，主張「國君所居，堂高三尺，壤階三粲，茆茨弗剪，釆椽弗刮。」（註四四）以收「上行下效」之功。賈誼所受道家節儉寡欲思想之影響於此可見。

第三節　與法家思想之關係

一、權勢法制

先秦法家有三派：重勢、重術、重法。重勢派主張國君要憑權位之勢駕馭臣民，以愼到爲代表。重術派主張國君宜擁權變，以行君王南面之術，以申不害爲代表。重法派主張國君應嚴刑峻法，使民莫敢犯罪，以商鞅爲代表。韓非集三派之大成，以爲「勢」「術」「法」三者缺其一則不爲功，主張以勢爲體，以法術爲用。漢初刑名之學盛行，賈誼少時曾追隨廷尉吳公，吳公曾受敎於秦相李斯。賈誼之法家思想極可能曾受吳公薰陶。因此賈誼亦主張國君應有權勢法制。如制不定篇云：

仁義恩厚者，人主之芒刃也；權勢法制，人主之斤斧也。勢已定，權已足矣，乃以仁義恩厚因而澤之，故德布而天下有慕志。今諸侯王皆衆髖髀也。釋斤斧之制，而欲嬰以芒刃，臣以爲刃不折則缺耳。

蓋是時法制未定，諸侯多有異心，非仁義恩厚者所能制，至於法之實施，法家以「慶賞」「刑罰」爲二柄，賈誼亦主張以此作爲法之骨幹。治安策云：

若夫慶賞以勸善，刑罰以懲惡，先王執此之政，堅如金石。行此之令，信如四時。據此之公而無私，如天地耳，豈顧不同哉。

此爲賈誼受法家權勢法制思想之影響。

二、順時變

賈誼以爲時勢不同，爲政者不可拘泥一時，應因時制宜，故主張「順時變」，如過秦中篇云：

秦雖離戰國而王天下，其道不易，其政不改，是以其所以取之也，孤獨而有之，故其亡可立而待也。借使秦王論上世之事，並殷周之迹，以制御其政。後雖有淫驕之王，猶未有傾危之患也。

又過秦下篇云：

是以君子爲國，觀之上古，驗之當世，參之人事，察盛衰之理，審權勢之宜，去就有序，變化應時，故曠日長久，而社稷安矣。

此思想與法家所云「聖人不期修古，不法常可，論世之事，因爲之備。」頗有相合處。順時變也。

三、尊君

法家主張尊君卑臣，君權至上，此一思想，早已見於管仲明法解篇：「明主操必勝之數，以治必用之民，處必尊之勢，以制必服之臣。故令行禁止，主尊而臣卑。」賈誼亦有「尊君」之論。如階級篇云人主之尊，辟無異堂陛……天子如堂，群臣如陛，衆庶如地，此其辟也。故陛九級上，廉遠地則堂高，陛無級，廉近地則堂卑。高者難攀，卑者易陵，理勢然也。故古者聖王制爲列等，內有公卿大夫士，外有公侯伯子男，然後有官師小吏，施及庶人，等級分明，而天子加焉，故其尊不可及也。

在專制時代，國君爲施政之總樞紐，其法定地位至高無上，絕對不容置疑。服疑篇云：

卑尊已著，上下已分，則人倫法矣，於是主之與臣，若日之與星（據盧校改）。臣不幾可以疑主，賤不幾可以冒貴，下不凌等，則上位尊，臣不踰級，則主位安，謹守倫紀，則亂無由生。

賈誼「尊君」之思想，濫觴於管子，其發揮亦輾辟近裏，此甚受法家尊君思想之影響。

第四節 與陰陽家思想之關係

陰陽家以鄒衍爲代表，鄒衍深知勸善規過，禮法之力常有不足，而因果之說，則早已深入人心，人之不畏刑法者，輒不能不因畏懼鬼神而抑其淫侈，乃「深觀陰陽消息，而作怪迂之變」，（註四五）倡五德終始之說，其說實爲變尙書洪範篇之五行爲一年中之五種原素—金、木、水、火、土—之勢力輪流代盛，人事之變化皆當與之相配合，繼後擴大此五種勢力所能控制之範圍，謂自天地剖判以來，五德（卽五行）轉移，其治各有所宜，人類歷史卽爲此一轉移所支配，此五德實相生相尅，各有其盛衰之運，一德之運旣衰，則由能尅之勝之者起而相代。每一朝代皆代表一德，其服色制度，皆受此德之支配。此說大盛於漢，近人馮某中國思想史以爲「漢人之歷史哲學，皆根據此五德終始之觀點而來。」（註四六）

漢書賈誼本傳云：「文帝思誼，徵之。至入見，上方受釐，坐宣室。上因感鬼神事，而問鬼神之本。誼具道所以然之故。至夜半，文帝前席。旣罷，曰：『吾久不見賈生，自以爲過之，今不及也。』」文帝所問之鬼神事，宋眞德秀西山讀書記曾解之曰：「陰陽造化之謂也，」文帝之問，賈誼之答，皆在陰陽家思想之內。

文帝時丞相張蒼亦信五德終始之說，認爲漢屬水德、色尙黑，賈誼反對此說，漢書本傳載：

誼以爲漢興二十餘年，天下和洽，宜改正朔，易服色、定官名，興禮樂……色上黃，數用五，爲官名，悉更奏之。

賈誼認爲秦爲水德，漢旣克秦，必爲剋秦之土，當爲土德，土色黃，當尙黃，數用五，卽以五之數定四時、方位、體制、月令之別。胎教篇云：

太子生而泣，太師吹銅曰：「聲中某」，太宰曰：「滋味上某」，太卜曰：「命云某」。然後爲王太子懸弧之禮：東方之弧，以梧，梧者東方之草，春木也，其牲以鷄……南方之弧，以柳，柳者南方之草，夏木也；其牲以狗……中央之弧，以桑，桑者中央之木也；其牲以牛……西方之弧，以棘，棘者西方之草也，秋木也；其牲以羊，北方之弧，以棗，棗者北方之草，冬木也；其牲以彘。

此說實承陰陽家之說而來，陰陽家五德終始之說既已大盛於漢，不畏刑法者或可藉此抑其淫侈之行，賈誼論治取之，或有感於是說之可用也，故新書保傅言及帝之學禮，亦取東南西北中五數明之。保傅篇云：

學禮曰：「帝入東學，上親而貴仁，則親疏有序，而恩相及矣。帝入南學，上齒而貴信，則長幼有差，而民不誣矣。帝入西學，上賢而貴德，則賢智在位，而功不遺矣。帝入北學，上貴而尊爵，則貴賤有等，而下不踰矣。帝入太學（即居中之學），承師問道，退習而考於太傅，（太傅）罰其不則，而匡其不及，則德智長而理道得矣。

陰陽家以五行配數字，主張「數用五」（註四七），此以各種德行政治主張來配合「五行五方」之說法，正是陰陽家之本色。賈誼承襲陰陽五行之學說若此，其思想受陰陽家之影響已不辯而明矣。

【附註】

註一　孟子離婁篇上。
註二　孟子梁惠王篇下。
註三　孟子告子篇下。
註四　新書卷九脩政語篇上。
註五　論語顏淵篇。
註六　大戴禮記。
註七　論語子路篇。
註八　同註五。
註九　同註一。
註一〇　同註一。
註一一　大政篇上：「君鄉善於此，則失然協民皆鄉善於彼矣，猶景之象形也。君爲惡於此，則啍啍然協民皆爲惡於彼矣，猶響之應聲也。」
註一二　大政篇上：「君能爲善，則吏必能爲善矣；吏能爲善，則民必能爲善矣。故民之不善也，吏之不善也，君之過也。」
註一三　孟子齊宣王問湯放桀，齊宣王問卿及齊宣王問可否取燕諸章。
註一四　同註一。
註一五　論語爲政篇。
註一六　同註十五。
註一七　孟子盡心篇。

註一八　孟子公孫丑篇上。
註一九　同註三。
註二〇　論語八佾篇。
註二一　論語里仁篇。
註二二　論語憲問篇。
註二三　論語衞靈公篇。
註二四　同註十八。
註二五　同註十七。
註二六　荀子富國篇。
註二七　荀子禮論篇。
註二八　同註七。
註二九　同註十五。
註三〇　論語陽貨篇。
註三一　同註三十。
註三二　論語雍也篇。
註三三　論語季氏篇。
註三四　老子二十五章。
註三五　莊子秋水篇。
註三六　老子第六章。

註三七　同註三五。
註三八　莊子大宗師篇。
註三九　莊子秋水篇及逍遙篇。
註四〇　賈長沙集鵩鳥賦。
註四一　老子第二章。
註四二　老子第五十七章。
註四三　同註四一。
註四四　新書卷七退讓篇。
註四五　史記卷七十四孟荀列傳。
註四六　參見馮友蘭中國思想史、子學時代—騶衍及其他陰陽五行家言。
註四七　呂覽曾以五行配數字，如呂覽十二紀中於夏秋之際曰：「其數」。高誘注云：「其數五，五行之數，土第五也。」

第五章　賈誼之思想體系

近人戴君仁氏於「論賈誼的學術並及其前後的學者」（註一）一文中，認爲賈誼是漢初最卓越之儒者。賈誼基本思想固爲儒家，然因身處秦漢大一統時代，難免受當時盛行之道家、法家、陰陽家之影響。班固已稱其「能誦詩書屬文」。又「頗通諸子之書」（註二），誼之思想實以儒家爲中心，而輔之以道、法、陰陽家思想中之可爲時用者。

本章就哲學、政治、經濟、邊防、教育五方面來探討賈誼之思想：其哲學思想基礎係糅融儒道兩家之虛術、道德、天志、性理等理論；政治思想則秉承儒家強調之民本精神，主張以仁政愛民，富樂民生，講禮教，重德化，尙賢任能，禮遇大臣；至於改正朔，易服色制度，定官名，興禮樂諸主張，則係雜糅儒家與陰陽家之思想；而爲謀國家長治久安，對于權力大，驕悍不馴之諸侯，賈誼認爲無法用仁義制服，主張用「割地定制」強幹弱枝之策削之弱之。此係以法家法治濟儒家德治之不足。經濟方面，則或基于儒家理念，藉重農抑商以安定社會，或取鼓勵積蓄，禁止私鑄錢幣以穩定經濟，亦儒法二家思想並用。匈奴乃漢代最大之外患，賈誼反對漢初以降所取之屈辱和親納幣政策，主張去除恐匈病，鞏固邊防，削弱匈奴戰鬥力，積極撻伐，以雪國恥。賈誼更重視教育之功能，主張社會教育，要端正風俗，推行四維，尤重儲君教育，凡此諸策，皆爲賈誼所提出之實現儒家禮治思想之途徑。

賈誼是漢初積極進取之政論家、思想家、教育家。其策略雖無法在文帝一代完全實現，但對漢代以及後世政治制度之影響卻極深遠。其忠貞、奮發之精神，更充份表現出漢代知識分子之特色，成爲兩漢國力發展主因之一。

第一節　賈誼之哲學思想

賈誼之思想混合儒道於一體，運用老子形上學之架構，落實於儒家思想，立足於六藝之上。他將道家道與德詳密化，逐步往下落實；在落實之過程中，又將道家之虛、靜、清，與儒家之仁、義、禮智混合，以完成天地人與萬物之創造，建立起六藝與形上思想間之密切關連；由此而呈現出宇宙、人生、學問之莊嚴形相，實不愧爲一大思想家。玆分析其哲學思想如下：

一、虛術說

道乃賈誼哲學思想之根本，其論道有本末之分，以虛爲道之本，術爲道之末。虛乃道在人心中之本來面貌，術乃道在人生中所發生之具體作用，若以「體」「用」分別說明，則虛是體，術是用。道以虛爲體，心以虛爲體，此乃是道家之思想。法家則視虛爲術（賞罰）之運用樞紐。賈誼接受道家之「道」與「虛」二觀念；又接受法家以虛爲人君運用統治術之樞紐之說。道術篇云：

道者，所從接物也，其本者謂之虛，其末者謂之術。虛者言其精微也，平素而無設諸也。術也者，所以從制物也，動靜之數也。凡此皆道也。

道之本體，無象無形，故曰虛。道明始能悟明道之術，故以術爲末。所謂「虛」並非空無所有，乃其所包括之理精微之至，不可言喻，平素自在，隱而不顯。虛爲體，術則道之用耳，無一術中無道。此與老子之道體冲虛，妙用無窮之義同。然賈誼所言及道之功用，則落實在接物上。道術篇云：

請問虛之接物，何如？對曰：「鏡義而居，無執不臧，美惡畢至，各得其當。衡虛無私，平靜而處，輕重畢懸，各得其所。明主者南面正而清，虛而靜，令名自命，物自定，如鑑之應，如衡之稱；有釁和之，有端隨之，物鞠其極，而以當施之，此虛之接物也。」

賈誼揭舉之虛，與老莊、韓非所言大致相同。如：

老子第五十七章：

我無爲而民自化，我好靜而民自正，我無事而民自富，我無欲而民自朴。

莊子應帝王：

至人之用心若鏡，不將不逆，應而不藏，故能勝物而不傷。

韓非子主道篇：

故虛靜以待令（「令」字陳啟天校釋云「當作之」），令名自命也，令事自定也。虛則知實之情，靜則知動者正。有言者自爲名，有事者自爲形。形名參同，君乃無事焉，歸之其情。

由上可知，賈誼所論之虛，係立基於道家與法家。唯賈誼，不尙空談，重在實用，故雖將精微莫測之道，名之爲虛，作爲道體，但卻將動靜有常之數，名之爲術，作爲道用，從道家之虛靜，落實於儒家與法家之實用價値上。

道術篇云：

「請問術之接物，何如？」對曰：「人主仁而境內和矣，故其士民莫弗親也；人主義而境內理矣，故其士民莫弗順也；人主有禮而境內肅矣，故其士民莫弗敬也；人主有信而境內貞矣，故其士民莫弗信也；人主公而境內服矣，故〔其〕士民莫弗戴也；人主法而境內軌矣，故〔其〕士民莫弗輔也。舉賢則民化善，使能則官職治，英俊在位則主尊，羽翼勝任則民顯；操德而固則威立，教訓而必則令行。周聽則不蔽，稽驗則不惶；明好惡則民心化，密事端則人主神。術者，接物之隊，凡權重者必謹於事，令行者必謹於言，則過敗鮮矣，此術之接物之道也，其爲原無屈，其應變無極，故聖人尊之。夫道之詳，不可勝術也。

此處所謂術，即是仁、義、禮、信、公、法及舉賢使能等在政治上之致用。也就是仁、義、禮、信、公、法、正身，舉賢使能，皆「以當施之」，即是人主治術之實現，此皆秉承儒家一貫之主張。

如：論語顏淵篇：

政者正也，子率以正，孰敢不正。

荀子君道篇：

源清則流清，源濁則流濁，上好禮義，尚賢使能，無貪利之心，則下亦將綦辭讓，效忠信，而謹於臣子矣。

至於「公」與「法」，則爲儒法兩家之共同要求，操德立威，教順令行，則爲儒法兩家思想之混合。由上述可知賈子之「術」，係以儒家思想爲骨幹，兼採道家法家思想爲旁輔。賈誼將儒道法三家思想加以統一，以取長補短之方式，創造出一個思想體系，如此不僅表現出其創意之天才，也足以反映出漢初年儒道思想混合之大勢。

儒家思想，著重於人際關係，與道家之虛靜出世之思想不盡相同。賈誼論「道」，既由道家虛靜落實於儒家人生修養之實用價值，故所論皆著重於人際之合理關係，其中包涵人生修養之準則，以及建立一個合理道德之標準。如道術篇云：

請問品善之體，何如？對曰：親愛利子謂之慈；反慈爲嚚。子愛利親謂之孝；反孝爲孽。愛利出中謂之忠；反忠爲倍。心省恤人謂之惠；反惠爲囚。兄敬愛弟謂之友，反友爲[illegible]。弟（敬）愛兄謂之悌；反悌爲敖。接遇愼容謂之恭；反恭爲媟。接遇肅正謂敬，反敬爲慢。言行抱（一）謂之貞；反貞爲僞。期果言當謂之信；反信爲慢。衷理不辟謂之端；反端爲趽。據當不傾謂之平；反平爲險。行善決菀謂之清；反清爲㲉。辭利刻謙謂之廉；反廉爲貪。兼覆無私謂之公，反公爲私。方正不曲謂之正；反正爲邪。以人自觀謂之度；反度爲妄。以己量人謂之恕；反恕爲荒。惻隱憐人謂之慈；反慈爲忍。厚志隱行謂之潔；反潔爲汰，施行得理謂之德；反德爲怨。放理潔靜謂之行；反行爲汚。功遂自却謂之退；反退爲戠。厚人自薄謂之讓；反讓爲冒。心兼愛人謂之仁；反仁爲戾。行克其宜謂之義；反義爲懜。剛柔得道謂之和；反和爲乖。合得密周謂之調；反調爲盭。懷優賢而不逮謂之寬；反寬爲阸。色衆容易謂之裕，反裕爲褊。欣懽可安謂之熅；反熅爲鷙。安柔不苛謂之良；反良爲齧。緣法循理謂之軌；反軌爲易。襲當緣道謂之道；反道爲辟。廣較自斂謂之儉；反儉爲奢。費弗過適謂之節；反節爲靡。呦䬳勉善謂之愼；反愼爲怠。忠惡勿道謂之戒；反戒爲傲。深知禍福謂之知；反知爲愚。亟見窕察謂之慧；反慧爲童。動有文體謂之禮；反禮爲濫。容服有義謂之儀；反儀爲詭。行歸而過（過字建本作「勉」）謂之順；反順爲逆。動靜攝次謂之比；反比爲錯。容志審道謂之僩；反僩爲野。辭令就得謂之雅；反雅爲陋。論物明辯謂之辯；反辯爲訥。纖微皆審謂之察；反察爲旄。誠動可畏謂之威；反威爲圂。臨制不犯謂之嚴；反嚴爲輮。仁義脩立謂之任；反任爲欺。伏義誠必謂之節；反節爲罷。持節不恐謂之勇；反勇爲怯。信理遂節謂之必；反必爲怛。凡此品也，善之體也，所謂道也。

賈誼以此五十六品爲善之體，爲接物之道。此五十六品目，不但融合了儒家之衆德，並且又從正反兩面推闡。所論德目實超出傳統儒家格局，方法上也揉合了道、法二家。道術篇又云：「守道者謂之士，樂道者謂之君子，知道者謂之明，行道者謂之賢，且明且賢，此謂聖人。」賈誼以守道、樂道、知道、行道，分人爲士、君子、明、賢、聖人，此正是繼承儒家之道德及倫理思想而別開新義。

二、道德說

賈誼之宇宙觀，仍以道爲其本體，認爲道係天地人物生化之根源。道在內，發於外則爲德。道以變化創生天地萬物，但必通過外凝之德，在德之外凝點上變化，此種變化始則爲創生之變化，而後乃有陰陽天地人與萬物。

道德說篇：

道者德之本也。物所道始謂之道，所得以生謂之德，德有之也，以道爲本。

德之所以生陰陽天地人與萬物也。

變及諸生之理，皆道之化也。

德受道之化而發之，各不同狀。

此與老子之「道生一、一生二、二生三、三生萬物。」（註三）及莊子「生天生地。」（註四）辭面之意思似極相同。如老子第二十五章：

有物混成，先天地生；寂兮寥兮，獨立而不改，周行而不殆，可以爲天下母。吾不知其名，字之曰道。

莊子大宗師：

夫道有情有信，無爲無形，可傳而不可受，可得而不可見，自本自根，未有天地，自古以固存。神鬼神帝，生天生地，在太極之先而不爲高，在六極之下而不爲深，先天地而不爲久，長於上古而不爲老。

至於賈誼所云之道，係一無形之物，平和而神，能載物，使萬物順理適行，則同於莊子天地篇：「一之所起，有一而未形」，「夫道，覆載萬物者也」之說。如道德說篇：

道者：無形，平和而神，道物有載物者，畢以順理和適行。

道雖神，必載於德，而頌乃有所，因以發動變化而爲變。

又云：

德者：變及物理之所出也，夫變者道之頌也，道冰凝而爲德，神載於德。德者道之澤也，……

德受道之化而發之，各不同狀。

德之有也，以道爲本。

德生物，又養物，則物安利矣。

此與莊子天地篇：「物得以生謂之德」之意相同。

道外凝聚而爲德，而後陰陽天地人物由此而創生，而在變化創生萬物之過程中，賈誼更以德之六理說明之；道化而爲德，此卽由無而有之變化，「有」而後卽有「條理」。所以賈誼稱「各有條理以載於德。德受道之化而發之各不同狀」。因各有不同狀，故可分爲六理。六理卽是德之條理。因六理皆分化之狀，創生則必分化於六理之中，故六理乃宇宙萬物之規範，可駕馭萬術，舉凡天道人事萬物皆涵泳於六理之中。如：

道德說篇云：

德者離物（無）而之有，故潤則据然濁而始形矣，故六理發焉。六理所以爲變而生也，所生有理，然則物得潤以生，故謂潤德。

六術篇云：

德有六理，何謂六理？道、德、性、神、明、命，此六者德之理也。六理無不生也，已生而六理存乎所生之內，是以陰陽〔天〕地人，盡以六理爲內度，內度成業，故謂之六法。六法藏內，變流而外遂，外遂六術，故謂之六行。是以陰陽各有六月之節，而天地有六合之事，人有仁義禮智聖之行，行和則樂（興），樂〔興〕則六，此之謂六行。陰陽天地之動也，不失六行，故能合六法。人謹脩六行，則亦可以合六法矣。然而人雖有六行，細微難識，唯先王能審之。凡人弗能自志，是故必待先王之教，乃知所從事。是以先王爲天下設教，因人所有以之爲訓，道人之情以之爲眞，是故內〔法〕六法，外體六行，以與書、詩、易、春秋、禮、樂六者之術，以爲大義，謂之六藝。令人緣之自脩，脩成則得六行矣。六行不正，反合六法。藝之所以六者，法六法而體六行故也，故曰：六則備矣。

六者非獨為六藝所法，他事亦皆以六為度。

賈誼列舉「聲音之道以六為首」、「戚屬以六為法」、「數度之道以六為法」說明用六之由，故云「六則備矣」。至於其特別重視「六」之觀念，徐復觀氏以為或係因為立足於六藝之上，由六藝上推下衍（註五），可備一說：

對德之六理，賈誼又以「玉」為喻，如道德說云：

寫德體六理，盡見於玉也，各有狀；是故以玉效德之六理，澤者鑑也，謂之道；腒如窃膏之理，謂之德；湛而潤，厚而膠謂之性；康若濼流謂之神；光輝謂之明；礐乎堅哉謂之命；此之謂六理。

六理固難以形容，賈誼因「象人德者獨玉也」（註六），故以玉狀德，取其潤澤外表而狀之。至於德之內在美質如何？在道德說篇亦云：

有德、有仁、有義、有忠、有信、有密，此六者德之美也；道者德之本也，仁者德之出也，義者德之理也，忠者德之厚也，信者德之固也，密者德之高也。

此為六美。內外相配合，德之形質明矣。

書者此之著者也，詩者此之志者也，易者此之占者也，春秋者此之紀者也，禮者此之體者也，樂者此之樂者也，祭祀鬼神為此福者也，博學辯議為此辭者也。

賈誼將老子「道生之，德蓄之」之思想，與莊子「道有情有信，無爲無形」，「物得以生謂之德」之觀念，配上儒家「天命之謂性」之基本思想，使「道與德」形上形下之創生歷程，很充實地落實於現實世界之人生價值上。

三、天志說

賈誼論道，雖大體承繼道家之思想，然對「天」之觀點，卻與道家不同。老莊心目中之天，爲「純乎自然之天」，「無意志之天。」如：

老子第五章：

天地不仁，以萬物爲芻狗。（註七）

老子第二十五章：

人法地，地法天，天法道，道法自然。

莊子至樂篇：

天無爲以之淸，地無爲以之寧，故兩無爲相合，萬物皆化。芒乎芴乎，而無從出乎！芴乎芒乎，而無有象乎！萬物職職，皆從無爲殖。故曰：天地無爲也，而無不爲也。人也孰能得無爲哉？

賈誼卻以爲天具有意志，人能順天則無咎，逆天則有罪，有罪天必降之菑。故大政上篇云：

知善而弗行，謂之不明；知惡而弗改，必受天殃。天有常福，必與有德，天有常菑，必與奪民時。

耳痺篇云：

竊聞之曰：「目見正而言枉，則害；陽言吉，錯之民而凶，則敗。倍道則死，障光則晦，無神而逆人，則必敗其事。」

又云：

故天之誅伐不可爲，廣虛幽間，攸遠無人，雖重襲石中而居，其必知之乎？若誅伐順理而當，辜殺三軍而無咎；誅殺不當，辜殺一匹夫，其罪聞皇天。故曰：「天之處高，其聽卑，其牧芒，其視察。」故凡自行，不可不謹愼也。

墨子亦認爲天係一有意志之天，賈誼之觀點，與墨子雷同，諒其必受墨家之影響。

墨子法儀篇：

天之行廣而無私，其施厚而不德，其明久而不衰。故聖王法之。旣以天爲法，動作有爲，必度於天。天之所欲則爲之，天之所不欲則止。

墨子天志上云：

夫天不可爲林谷澗無人，明必見之，然而天下之士君子之於天也，忽然不知以相儆戒，此我所以知天下士君子知小，而不知大也。

墨子天志中又云：

殺不辜者，天予不祥。不辜者誰也？曰，人也。予之不祥者誰也？曰，天也。

賈誼之「天志」觀，乃以民意爲施政之根本。其認爲一國之災與福，非純在天，必視士民心志之向背。國君行善，粹以爲福，行惡，粹以爲惡，故一國之君施政，必以士民之心志爲藍本。其在大政上篇云：

聞之於政也，民無不爲本也，國以爲本，君以爲本，吏以爲本，故國以民爲安危，君以民爲威侮，吏以民爲貴賤，此之謂民無不爲本也。聞之於政也，民無不爲命也，國以爲命，君以爲命，吏以爲命，故國以民爲存亡，君以民爲盲明，吏以民爲賢不肖，此之謂民無不爲命也。聞之於政也，民無不爲功也，故國以爲功，君以爲功，吏以爲功，國以民爲興壞，君以民爲强弱，吏以民爲能不能，此之謂民無不爲功也。聞之於政也，民無不爲力也，故國以爲力，君以爲力，吏以爲力，故夫戰之勝也，民欲勝也，攻之得也，民欲得也，守之存也，民欲存也，故率民而守，而民不欲存，則莫能以存矣；故率民而攻，民不欲得，則莫能以得矣，故率民而戰，民不欲勝，則莫能以勝矣。故其民之爲其上也，接敵而喜，進而不能止，敵人必駭，戰由此勝也，夫民之於上者也，接而懼，必走去，戰由此敗也。故受天之福者，天不攻焉，被天之菑，則亦無怨天矣，行自取之也。

此段卽孟子引逸書泰誓：「天視自我民視，天聽自我民聽。」之意，凡居上位者，敬士愛民者勝，與民爲敵者必亡，是故大政上篇又云：「民不可輕，輕本不祥。」是以知賈誼之天志實寄於民心、民欲之中。

四、性理說

賈誼以「性」爲神氣之會，係一光澤而膠集之物體。性較德更爲凝聚，賈誼以「專而爲一氣」，「潤厚而膠」，來形容「性」。其在道德說篇云：

性者，道德造物，物有形，而道德之神，專而爲一氣，明其潤益厚矣。濁而膠相連在物之中爲（性），莫（性）生氣，（氣）皆集焉，故謂之性。性，神氣之所會也。性立，則神氣曉曉然發而通行於外矣。與外物之感相應，故曰潤厚而膠謂之性，性生氣，通之以曉。（註八）

「氣」乃無形而有質之物，可以與「形」相連在一起。氣中有神，所以說「性，神氣之所會」。無氣則神無所依附；無神，則氣只是冥冥之物，沒有理性。神與氣會而爲性；性顯，則神氣曉曉然。如此性由潛伏中發動，與客觀之世界相應，以成就人生之一切。賈誼所指之氣，當指精氣而言。因爲西漢初年流行一種思想，認爲氣中有所謂精氣或精，此乃生命中所外凝之道。

對於「理」之概念，賈誼有所謂「六理」之說，其在六術篇云：

德有六理。何謂六理，道德性神明命，此六者德之理也。六理無不生也。已生而六理存乎所生之內。是以陰陽天地人，盡以六理爲內度。

莊子外篇天運篇「順之以天理」，此爲道家理之觀念之提出。韓非子解老篇「道者萬物之所然也，萬物之所稽也。理者成物之文也。道者萬物之所以成也。」「凡理者，方圓，短長，麤靡，堅脆之分也。故理定而後可得道也。故定理有存亡，有死生，有成衰。」「短長大小方圓堅脆輕重白黑之謂理，理定而物易割也。」韓非之所謂理，指「物之有形者」之文理、條理而言。賈誼之所謂理，指德之內涵，與韓非所云之理，無論在內容上及層次上皆有所不同。然，賈誼將法家理之觀念，摻入於道家之道德觀念中，或許受韓非之影響。

賈誼之所謂理，據「道德說」篇，乃指條理之理。「德有六理」，是指德本身，含有「道、德、性、神、明、命」等六理。六理乃德自身之條理，統括而言之稱爲理。此處之理與德，具有同等地位。道可凝聚分化爲德，然德中仍含有道；德可條理爲六理，六理中仍然有德，否則將失掉其本性。所以說六理中仍含有道德之成份。賈誼認爲「六理無不生也」：因爲創生則必分化於六理之中，而六理又必分化於萬物之中。可知六理會創生一切，而且萬物既已生，而六理卽存乎所生之內。如此說來，賈誼此種觀念，與朱子所闡述：「蓋合而言之，萬物統體一太極也。分而言之，則萬物各具一太極也。」（註九）之太極創生萬物道理相似。

第二節　賈誼之政治思想

賈誼秉承儒家以民爲本之政治思想，認爲民富則國富，民安則國安，民强則國强，一切政治措施，皆應以人民之利益與需要爲依歸，其大政上篇云：

聞之於政也，民無不爲本也。國以爲本，君以爲本，吏以爲本。故國以民爲安危，君以民爲威侮，吏以民爲貴賤，此之謂民無不爲本也。聞之於政也，民無不爲命也。國以爲命，君以爲命，吏以爲命。故國以民爲存亡，君以民爲盲明，吏以民爲賢不肖。此之謂民無不爲命也。聞之於政也，民無不爲功也。故國以爲功，君以爲功，吏以爲功。國以民爲興壞，君以民爲强弱，吏以民爲能不能。此之謂民無不爲功也。聞之於政也，民無不爲力也。故國以爲力，君以爲力，吏以爲力。故夫戰之勝也，民欲勝也。攻之得也，民欲得也。守之存也，民欲存也。故吏率民而守，而民不欲存，則莫能以存矣。故率民而攻，民不欲得，則莫能以得矣。故率民而戰，民不欲勝，則莫能以勝矣。

賈誼認爲國家之安危，國勢之强弱，國君之威信，均須視人民之趨向而定，如一切政治措施皆以人民之利益與需求爲前提，人民皆能安身立命，必以國家之前途與本身之利益休戚相關，一旦政府需要民力協助，人民自會傾心盡力，謀置國家於安樂之境，國家也因而能長治久安。人民如果無法安身立命，連最基本之生存權都毫無保障，自然視統治者爲寇讎，一有機會，卽鋌而走險，衆怒難犯，統治者終必爲之推翻。故曰：「與民爲仇者，有遲有速，而民必勝之。」（註一〇）

在民本思想導引下，賈誼針對現實政治環境，提出具體之政治改革原則與主張，其要點爲仁政愛民，禮治德化，尚賢任能，禮遇大臣，選吏由民，又改制尊君，主張衆建諸侯，强化君權。玆分述於下：

一、仁政愛民

儒家重仁政，賈誼於脩政語上篇中亦云：「治莫大于仁」，仁政卽堯舜人飢己飢，人寒己寒之政。實與「愛民」爲一體，賈誼常將兩者相提並論，其脩政語上篇云：

> 德莫高於博愛人，而政莫高於博利人，故政莫大於信，治莫大於仁。

又云：

> 帝堯曰：「吾存心於先古，加志於窮民，痛萬姓之罹罪，憂衆生之不遂也。」故一民或飢，曰：「此我飢之也。」一民或寒，曰：「此我寒之也。」一民有罪，曰：「此我陷之也。」仁行而義立，德博而化富。故不賞而民勸，不罰而民治，先恕而後行，是故德音遠也。

「仁政」實「愛民」之結果，「愛民」乃「仁政」之終極，脩政語上又云：

> 聖王在上位，則天下不死軍兵之事，故諸侯不私相攻，而民不私相鬪（鬩），不私相煞也。故聖王在上位。則民免於一死，而得一生矣。聖王在上位，則（君）積於道，而吏積於德，而民積於用，故婦（人）爲其所衣，丈夫爲其所食，則民無凍餒矣。聖王在上位，則民免於二死，而得二生矣。聖王在上，則君積於仁，而吏積於愛，而民積於順，則刑罰廢矣，而民無夭遏之

誅。故聖王在上，則民免於三死，得三生矣。故聖王在上，則使民有時，而用之有節，則民無厲疾。故聖王在上，則民免於四死，得四生矣。故聖（王）在上，則使盈境內，（以興）賢良，以禁邪惡，故賢人必用，而不肖人不作，則（民）得其命矣，故夫富且壽者，聖王之功也。

賈誼論政體，純襲儒家之說，其論治術，則兼採黃老，故視「道」爲政教之本，道術篇云：道者，所道接物也，其本者謂之虛，其末者謂之術。虛者言其精微也，平素而無設諸也。術也者，所以從制物也。動靜之數也，凡此皆道也。

曰「請問術之接物，何如？」對曰：「人主仁而境內（和）矣，故其士民莫弗親也；人主義而境內理矣，故（其）士民莫弗順也；人主有禮而境內肅矣，故其士民莫弗敬也；人主有信而境內貞矣，故其士民莫弗信（也）；人主公而境內服矣，故（其）士民莫弗戴也；人主法而境內軌矣，（故）其士民莫弗輔也。

據此可知，虛者淸靜無爲，術者化德正治，二者似相衝突而實融合爲一，此術仍以儒家之仁義爲主體，其所以採納道家之術，懲秦任法之失，欲反其道以爲治也。

實行仁政乃愛民之具體表現，賈誼認爲其途有三：

㈠愛惜民力

論語中最能表現孔子愛惜民力之句爲學而篇之「節用而愛民，使民以時」，賈誼在脩政語下篇亦云：「聖王在上，則使民有時，而生之有節，則民無厲疾。」爲國家服勞役或參與地方公共建設爲人民之義務，選在農閒之時，則無碍生產，復有益地方或國家，如此使民，始爲聖王。否則，不恤民情，與奪民時，影響人民生計，終將引起天怒人怨，自食惡果。

㈡審愼刑罰

社會進步之先決條件爲安定，爲求安定，法家主張嚴刑峻罰，以威勢禁暴亂；儒家則主張以德化民，導之以禮，使人民不作奸犯科，危害社會，即使用刑亦必愼之，哀矜勿喜，以期無刑。賈誼秉此傳統，於大政篇上云：

戒之戒之！誅賞之愼焉。故與其殺不辜也，寧失於有罪也。故夫罪也者，疑則附之去已；夫功也者，疑則附之與已，則此無有毋罪而見誅，毋有有功而無賞者矣。

是以上有仁譽，而下有治名。疑罪從去，仁也；疑功從予，信也。

刑罰乃不得已之消極作法，儒家之政治理想，重積極地倡行仁義，以之消弭犯罪，不用刑罰。

㈢富樂民生

賈誼在大政篇上指出爲人臣者，「以富樂民爲功，以貧苦民爲罪」，功罪全視能否富樂民生而定，此爲民本思想之極致。

二、禮治德化

賈誼以爲道德仁義、正俗解紛、定名事師、治軍行法、禱祠祭祀，均不可缺禮。禮乃人之行爲規範。施政之根本，自修身齊家至治國平天下，皆須循禮而行。君子亦應恭敬撙節退讓以明禮。禮篇云：

道德仁義，非禮不成；教訓正俗，非禮不備；分爭辯訟，非禮不決；君臣上下父子兄弟，非禮不定；宦學事師，非禮不親；班朝治軍，莅官行法，非禮威嚴不行；禱祠祭祀，供給鬼神，非禮不誠不莊。是以君子恭敬撙節退讓以明禮。

禮篇爲賈誼禮治思想之總論，其基本精神，胥可概見。如：

禮篇云：

主（主）臣（臣），禮之正也。威德在君，禮之分也。尊卑大小强弱有位，禮之數也。

又：

君惠臣忠，父慈子孝，兄愛弟敬，夫和妻柔，姑慈婦聽，禮之至也。

又云：

君惠則不（厲），臣忠則不貳，父慈則教，子孝則協，兄愛則友，弟敬則順，夫和則義，妻柔則正，姑慈則從，婦聽則婉，禮之質也。

又禮之作用亦可歸納如下：

㈠守尊卑之經，彊弱之稱

禮篇云：

禮：天子愛天下，諸侯愛境內，大夫愛官屬，士庶各愛其家。失愛不仁，過愛不義，故禮者所以守尊卑之經，彊弱之稱者也。

禮篇云：

㈡恤下

禮者所以節義而設不還。故饗飲之禮，先爵於卑賤，而後貴者始（羞）；殽膳不浹，而樂（人）始奏；觴不下徧，君不嘗（羞）；殽不下浹，上不擧樂；故禮者所以恤下也。

㈢自行之義，養民之道。

禮篇云：

國無九年之蓄，謂之不足；無六年之畜，謂之急；無三年之畜，國非其國也。民三年耕，必餘一年之食；九年而餘三年之食；三十歲相通，而【有】十年之積，雖有凶旱水溢，民無飢饉。然後天子備味而食，日擧以樂。諸侯食珍，不失鐘鼓之縣，可使樂也者，上下同之。故禮，國有飢入，人主不飧；國有凍入，人主不裘；報囚之日，人主不擧樂。歲凶，穀不登，臺（榭）【不塗】，榭徹于侯，馬不食穀，馳道不除，食減膳，饗祭有闕。故禮者自行之義，養民之道也。

蓋賈誼認爲禮義可使民和親，刑罰易致民怨背，德敎治則民氣樂，法令極則民風哀。故漢書本傳云：

以禮義治之者積禮義，以刑罰治之者積刑罰。刑罰積而民怨背，禮義積而民和親，故世主欲民之善同，而所以使民善者或異。或道之以德教，或毆之以法令。道之以德教者，德教洽而民氣樂。毆之以法令者，法令極而民風哀。哀樂之感，禍福之應也。

又云：

秦王之欲尊宗廟而安子孫者，與湯武同，然而湯武廣大其德，行六七百歲而弗失。秦王治天下十餘歲則大敗，此無它故矣。湯武之定取舍審，而秦王之定取舍不審矣。夫天下，大器也，今人主之置器，置諸安處則安，置諸危處則危，天下之情與器亡以異，在天子之所置之。湯武置天下於仁義禮，而德澤洽禽獸草木廣裕，德被蠻貊四夷，累子孫數十世，此天下所共聞也，秦王置天下於法令刑罰，德澤亡一有，而怨毒盈於世下，憎惡之如仇讎，禍幾及身，子孫誅絕，此天下之所共見也。是非其明效大驗邪？人之言曰：「聽言之道，必以其事觀之，則言者莫敢妄言」，今或言禮誼之不如法令，教化之不如刑罰，人主胡不引殷周秦事以觀之也？

此以秦王及湯武為例，說明禮義教化與法令刑罰之各異其效。因禮有上述諸效用，故賈誼曰：「禮者所以固國家，定社稷，使君無失其民者也。」（註一一）「故仁人行其禮，則天下安，而萬理得矣。」（註一二）「人主有禮而境內肅矣。」（註一三）此其力主禮治之故，亦禮治之極致。

此外，禮可防患於未然，不似法之禁惡於已然。禮能於其潛移默化中，使民日遷於善，遠離罪咎。漢書本傳云：

凡人之知，能見已然，不能見將然。夫禮者禁於將然之前，而法者禁於已然之後，是故法之所用易見，而禮之所爲生難知也。若夫慶賞以勸善，刑罰以懲惡，先王執此之政，堅如金石，行此之令，信如四時，據此之公，無私如天地耳，豈顧不用哉？然而曰禮云禮云，貴絕惡於未萌，而起敎於微眇，使民日遷善遠罪，而不自知也。孔子曰：「聽訟吾猶人也，必也使毋訟乎。」

賈誼闡釋德敎之於法治若是。重敎化，輕刑罰，是漢儒一貫之主張，大體本于孔子「道之以德，齊之以禮，有恥且格」之學說，而加以闡述。

賈誼進而言德有六美，其道德說篇云：

德有六美，何謂六美？有德，有道，有仁，有義，有忠，有密。此六者德之美也。道者德之本也，仁者德之出也，（義）者德之理也，忠者德之厚也，信者德之固也，密者德之高也。

此中所謂道乃德之根本；而密則以其不離道，而又關係國家大事，保持不易，故稱爲德之高。

賈誼並謂德化之效，在於移風易俗，俗激篇云：

夫邪俗日長，民相然席於無廉恥，禮義非循也。豈爲人子背其父，爲人臣因忠於君哉？豈可爲人弟欺其兄，爲人下因信其上哉？陛下雖有權柄事業，將何寄之？管子曰：四維：一曰禮，二曰義，三曰廉，四曰恥，四維不張，國廼滅亡。使管子愚無識人也則可，使管子而不知治體，則豈不可爲寒心？……夫移風易俗，使天下移心而鄉道，類非俗吏所能爲也……夫立君臣，等上下，使父子有親，六親有紀；此非天所設也。夫人之所設，弗爲不立，弗植則僵，不循則壞。秦滅；四維不張；故君臣乖而相攘，上下亂僭而無差，父子六親殃僇，而失其宜；奸人並起，萬民離畔；凡十三歲而社稷爲墟，今四維猶未備也……豈如今定經制，令主主臣臣，上下有差；父子六親，各得其定，奸人無所冀幸，羣衆信上而不相惑哉！

欲使國家安定，必具有二條件：一爲政治清明，二爲以德化民，管子曰：「禮義廉恥，國之四維；四維不張，國乃滅亡」。使國人皆無禮、無義、無廉、無恥，則雖地廣人衆，亦不能確保國家安寧。禮義廉恥四維之外，風俗之美化亦爲安定之重要關鍵，故賈誼特別强調必須矯正邪俗，化民成德。風俗不美，父子之至親，子尙背父，更何能盼其忠於君國？故欲有安定之國家，必先有健全之社會；欲有健全之社會，必須養成優美之民俗。

三、尙賢任能

與國君共治天下者乃大臣也，大臣之賢或不肖關係國家興衰治亂至鉅；賢臣能爲國家及人民利益着想，行仁政以安民；不肖之臣則順昏君旨意，並爲謀一己之私利，不惜行虐政以害民。然水能載舟，亦能覆舟，深積怨怒之民，一旦以行動抗議，後果將不堪設想！因此，儒墨兩家都主尙賢任能。賈誼亦認爲官吏應愼言行、厲廉恥、戒奢侈。日常行事，要謹小愼微，做到老子所謂「爲之於未有，治之於未亂。」管子所謂「備患於未形。」賈誼在大政篇、胎敎篇及道術篇均曾論國有賢臣之重要性。而賢臣之發現與任用，則爲國君之責，尙賢任能，卽爲賢君，否則，卽爲無道之君。賈誼在大政篇上云：

君以知賢爲明。

賢人不擧，而不肖人不出，此君無道也。

胎教篇云：

故無常安之國，無宜治之民，得賢者顯昌，失賢者危亡。自古及今未有不然者也。

道術篇又云：

擧賢則民化善，使能則官職治。

臣賢則政理，國興，民化善而各得其命，故賈誼主張尙賢任能。

新書曾以周臣單子佐政爲例，說明賢臣何以能興國。

禮容語篇下云：

晉叔向聘于周，發幣大夫，及單靖公。靖公享之，儉而敬。賓禮贈賄同是禮而從，享燕無私，送不過郊，語說昊天有成命。旣而叔向告人曰：「吾聞云：一姓不再興，今周有單子以爲臣，周其復興乎？昔史佚有言曰：動囯莫若敬，居莫若儉，德莫若讓，事莫若資」，今單子皆有焉。夫宮室（不）崇，器無蟲鏤，儉也；身恭除潔，外內肅給，敬也；燕好享賜，雖歡不踰等，讓也；賓之禮事，稱上而差，資也。若是而加之以無私，重之以不侈，能辟怨矣。居儉、動敬、（德）讓，事資，而能辟怨，以爲卿佐，其有不興乎？

周得賢臣單子佐政，而使「天子加尊，周室加興。」（註一四）但賈誼尙賢任能之意更深於此者，欲賢臣進一步分擔國君之統治權，此時，國君之地位仍然十分崇高，但政權之行使，則出於賢臣集體之意志與能力，宜簡拔賢德之師、友、大臣以協助國君共同統治政事。其官人篇云：

王者官人有六等：一曰師，二曰友，三曰臣，四曰左右，五曰侍御，六曰廝役。故與師爲國者，帝；與友爲國者，王；與大臣爲國者，伯；與左右爲國者，彊；與侍御爲國者，若存若亡；與廝役爲國者，亡可立待也。

賈誼依才能德行，分人臣爲六等：師、友、大臣、左右、侍御、廝役。認爲國君用人，莫優於選拔師、友，其次爲大臣與左右。如任用侍御，卽可能招致禍亂。若竟聽信廝役，則滅亡可立而待。此所謂師、友、大臣、左右、侍御、廝役，官人篇曾逐一塑造成智行兼具之政治角色。官人篇云：

知足以爲源泉，行足以爲表儀；問焉則應，求焉則得。入人之家，足以重人之家。入人之國，足以重人之國者，謂之師。

智足以爲礲礪，行足以爲輔助，仁足以訪議，明於進賢，敢於退不肖，內相匡正，外相揚美，謂之友。

智足以謀國事，行足以爲民率，仁足以合上下之驩，國有法則退而守之，君有難則進而死之，職之所守，君不得（以）阿私託者，大臣也。

修身正行，不怵於鄉曲，道語談說，不怵於朝廷。智能不困於事業，服一介之使，能合兩君之驩，執戟居前，能舉君之失過，不難以死持之者，左右也不貪於財，不淫於色，事君不敢有二心，居君旁，不敢渫君之謀；君有失過，雖不能正諫，以其死持之，憔悴有憂色，不勸聽從者，侍御也。柔色傴僂，唯諛之行，唯言之聽，以睚眦之間事君者廝役也。

賈誼理想之君臣關係是由師、友、或大臣與國君共治天下，並給予國君政治規範，因爲師之人格地位常在國君之上，所以取師之禮是「黜位而朝之」。友則與國君處於平等地位，所以取友之禮是「以身先焉。」賈誼主張統治權仍歸國君一人之手，而行使統治權則出於師友，因爲師友之品德與才能通常都在人君之上，是較爲合理人選。至於大臣，一般都能堅守職責，遵守法制，況其智足以謀國事，行足以爲民率，由大臣來佐政，總比國君一人之專制較爲理想，如果國君之左右也能舉君之過失，侍御也以國君之過失爲憂慮，如此國君將不可能專橫孤行。賈誼如此主張國君與臣子間之關係、及合理地行使君權之法，已使政治思想有一新之突破。（註一五）

四、禮遇大臣

孔子曰：「君使臣以禮，臣事君以忠」，此語未嘗謂君之對臣不當忠，臣之對君不當有禮，君臣原應互以禮與忠相待，賈誼深識此意。但在君主政體之下，君臣關係愈來愈趨向君尊臣卑，而漢高祖待儒臣尤爲無禮，賈誼在階級篇、大政篇、官人篇中，均力主國君須禮遇大臣，以養大臣之廉恥，使臣下皆能自尊自重，願爲敬己者死，效力盡忠。階級篇云：

故人主遇其大臣，如遇犬馬，彼將犬馬自如也；如遇官徒，彼將官徒自爲也。頑頓無恥，詬無節，廉恥不立，則且不自好，苟若而可，見利則逝，見便則奪。主上有敗，則因而推之矣；主上有患，則吾苟免而已，立而觀之耳。有便吾身者，則欺賣而利之耳。人主將何便於此！群下至衆，而主至少也，所托財器職業者，率於群下也，但無恥，但苟安，則主罷病。故化成俗定，則爲人臣者，主醜亡身，國醜亡家，公醜亡私；（利）不苟就，害不苟去，唯義所在，主上之化（也）。

至於對大臣之禮遇，應恭敬忠信，求之以道，待之以道，不可簡慢無禮。大政篇下云：

刑罰不可以慈民，簡泄不可以得士。

故欲以簡泄得士，辟其猶以弧怵鳥也，雖久弗得矣。（故）夫士者，弗敬則弗至。故欲求士必【至，民必】附，惟恭與敬，忠與信，古今毋易矣……。故士易得而難求也，易致而難留也。故求士而不以道，周徧境內不能得一人焉，故求士而以道，則國中多有之，此之謂士易得而難求也。故待士而以敬，則士必居矣，待士而不以道，則士必去矣。

我國自古以來，讀書人中之特出者，往往不肯輕易出仕，在上位者不加禮敬，未有能羅致眞才士者，故國君須親自禮聘大臣，不可用令用召。令召只用以取侍御及厮役。官人篇云：

師之禮，黜位而朝之；取友之禮，以身先焉；取大臣之禮，皮幣先焉；取左右之禮，使使者先焉；取侍御之禮，以令至焉；取厮役之禮，以令召矣。

師友入朝，國君須清朝，清殿以侍。大臣，左右入見，俳優，聲樂應廻避。官人篇云：

師至，清朝而侍，小事不進。友至，則清殿而侍，樂聲技藝之人不竝見。大臣奏事，則（俳）優侏儒逃隱，聲樂技藝之人不竝奏。左右在側，聲樂不見。

賈誼以爲國君平日優禮大臣，若遇大臣有過，宜退之或賜死，不可遽然加以刑戮。賈誼何以有此尊禮大臣之議，蓋欲矯正秦以來重刑峻罰之失，其階級篇云：

鄙諺曰：「欲投鼠而忌器」，此善喻也。鼠近於器，尚憚而弗投，恐傷器也，況乎貴大臣之近於主帝乎。廉恥禮節，以治君子，故有賜死無僇辱，是以係、縛、榜、笞、髡、刖、黥、劓之罪，不及大夫，以其離主上不遠也。禮：不敢齒君之路馬，蹴其芻者有罪。見君之几杖則起，遭君之乘輿則下。入正門則趨。君之寵臣，雖或有過，刑僇不加其身，尊君之勢也。此則所以爲主上豫遠不敬也，所以體貌群臣而厲其節也。

國君無法獨理衆務，親臨萬民，故必須借重國君改容禮遇之大臣，同時官吏嘗爲人民俯伏敬畏之表率，投鼠尚且忌器，況貴爲天子之重臣，且曾爲人民之表率者乎？故階級篇云：

今自王侯三公之貴，皆天子之所改容而禮之也，古天子之所謂伯父伯舅也。令與衆庶徒隸，同黥劓髡（刖）笞（係）棄市之法，然則堂不亡陛乎？被僇辱者不太迫乎？廉恥不行也，大臣無乃握重權大官，而有徒隸無恥之心乎？

又云：

臣聞之曰：「履雖鮮，弗以加枕，冠雖弊，弗以苴履。」夫嘗以在貴寵之位，天子改容而嘗體貌之矣，吏嘗俯伏以敬畏之矣，今而有過，（令）廢之可也，退之可也，賜之死可也。若夫束縛之，係紲之，輸之司空，編之徒言。司寇牢正徒長小吏罵詈而榜笞之，殆非所以令衆庶之見也。夫卑賤者習知尊貴者之事，一旦吾亦乃可以加也，非所以習天下也，非尊尊貴貴之化也。夫天子之所嘗敬，衆庶之所嘗寵，死而死爾，賤人安宜得如此而頓辱之哉。

賈誼主張刑不及大臣，實乃針對秦末漢初峻法之失而發，敬禮大臣之目的，乃在砥礪其廉恥節操。至於不可刑戮之範圍，似以王侯三公及天子左右之重臣爲限，非眞恢復古代「禮不及庶人，刑不至大夫」之制度，使刑罰只限於百姓。

國君禮敬大臣，臣下自當忠心耿耿以圖報，至於人臣之主要職責，賈誼約分爲二。一曰爲國君獻策進諫，二曰助國君治理人民。大政篇上云：

故上爲非則諫而止之，以道紀之；下爲非則矜而恕之，道而赦（之），柔而假之。故雖有不肖，化而則之，故雖昔者之帝王其所貴臣者，如此而已矣。人臣之道：思善則獻之於上，聞善則獻之於上，知善則獻之於上。夫民者唯君者有之，爲人臣者，功君理之，故夫獻之於上。夫民者唯君者有之，爲人臣者，功君理之。故夫爲人臣者，以富樂民爲功，以貧苦民爲罪。

對於受國君禮遇而不知以節行圖報者，視之爲非人類。大政篇上云：

上設廉恥禮義以遇其臣，而群臣不以節行，而報其上者，即非人類也。故化成俗定，則爲人臣者，主爾亡身，國爾亡家，公爾亡私，利不苟就，害不苟去，唯義之所在也。

如爲人臣子者。「上爲非而不敢諫，下爲善而不知勸」此種大臣即使充塞滿朝，國家亦必不免於亡。故大政篇下云：

吏之爲言，理也，故吏也者理之所出也。上爲非而不敢諫，下爲善而不知勸，此吏無理也。故政謂此國無吏也。官駕百乘，而食食千人，近側者不足以問諫，而由朝假不足以考，故政謂此國無人也。……君者群也，無人誰據；無據必蹶，政謂此國素亡也。

賈誼對於禮遇大臣，對臣下，用禮不用刑，曾再三致意，蓋因欲「尊君」必先「厲寵臣之節」。其主張大臣不可刑戮，雖當時文帝未公然採納，但據漢書本傳引賈誼言曰：「是時丞相絳侯周勃免，就國。人有告勃謀反，逮繫長安獄治。卒亡事，復爵邑。故賈誼以此譏上，上深納其言。養臣下有節。是後大臣有罪，皆有殺，不受刑。」文帝以後，九卿以上之大臣有罪皆賜自殺，不受刑戮之辱，顯然已受賈誼建議之影響。後漢史家言及禮遇大臣之事，常謂古制：「大臣有疾，天子往問。有罪不就獄。天子使者未至，先告病。使者未及返命，即自裁。」近人或以此制不知始於何人，若據漢書賈誼本傳所引，則此制實自賈誼開端而漸成。又因賈誼極力提倡「尊禮大臣以養廉恥」，使中國二千多年之專制政體，有較開明之政治，此亦繼往開來睿智之啟發，賈誼有焉。（註一六）

五、選吏由民

對于官吏之選拔，賈誼認爲國君深處宮中，無法深入了解全國各地人才之情況，官吏如能由民選，其賢與否人民有切身利害關係，人民必重視其人選，因而可以羅致各地符合人民需要之人才。大政篇下云：

民之治亂在於吏，國之安危在於政，故是以明君之於政也，愼之；於吏也，選之，然後國興也。吏之選由民不由君，國君須據民意以斷吏之賢不肖、擇而用之。大政篇下云：

明上選吏焉，必使民與焉。故士民譽之，則明上察之，見歸而譽之。故士民苦之，明上察之，見非而（去）之。故王者取吏不忘，必使民唱，然後和之，故夫民者，吏之程也。察吏於民，然後隨之。夫民至卑也，使之取吏焉，必取而愛焉，故十人愛之有歸，則十人之吏也，百人愛之有歸，則百人之吏也，千人愛之有歸，則千人之吏也，萬人愛之有歸，則萬人之吏也。故萬人之吏，選卿相焉。

此以民之愛戴作選吏之依據，只能用之於已仕。至於未仕之人，則以倫常爲選用標準。大政篇下云：

事君之道，不過於事父，故不肖者之事父也，不可以事君。事長之道，不過於事兄，故不肖者之事兄也，不可以事長。使下之道，不過於使弟，故不肖者之使弟也，不可以使下。交接之道，不過於爲身，故不肖者之爲身也，不可以接友。慈民之道，不過於愛其子，故不肖者之愛其子，不可以慈民。居官之道，不過於居家，故不肖者之（居）家也，不可以居官。夫道者，行之於父，則行之於君也；行之於兄，則行之於長矣；行之於弟，則行之於下矣；行之於身，則行之於友矣；行之於子，則行之於民矣；行之於家，則行之於官矣。故士則未仕而能以試矣。

此一聽取人民公意選任官吏之主張，就政治思想史之發展言，極具重要意義，已有由民本思想進而至人民亦有參與政治機會之跡象。雖在當時以及兩千年之君主政體下，官吏之任命一向由上而下，大臣食君之祿，只感君之恩，此一構想未能實現，受現實環境之限制，缺乏賈誼高瞻遠矚之政治家繼起提倡，蔚成風潮。正因如此，乃益令人珍視賈誼思想之不受時代侷限及其創意之進步性。

六、因時達變

儒家之重守經，擇善固執，非冥頑不通，易經即重視變動周流。在變動周流中，唯變所適，剝窮，則受之以復。孔孟均宗此說，講求剝窮時之通權達變，荀子之法後王，求進步，其意亦在此。原始儒家皆具因時達變之觀念，非如後日只知片面遵守、僵化之儒家教條所能相比。賈誼尤重歷史教訓，且從其中歸納出因時達變之必要性。

賈誼以為治國，應鑒古驗今，一切施政，須審其時，度其宜，應時變化，不可墨守成規，因循而不知變通。

過秦論下篇云：

鄙諺曰：「前事之不忘，後（事）之師也。」是以君子為國，觀之上古，驗之當世，參之人事；

察盛衰之理，審權勢之宜，去就有序，變化應時，故曠日長久，而社稷安矣。

立後義篇雜事亦云：

夫帝王者莫不相時而立儀，度務而制事，以馴其時也。欲變古易常者，不死（必）亡，此聖人之所制也。

又從秦亡國原因，說明不識時變，可致亡國。時變篇云：

商君違禮義，棄倫理，并心於進取，行之二歲，秦俗日敗。秦人有子，家富子壯則出分，家貧子壯則出贅。假父耰鉏杖篲耳慮有德色矣；母取瓢椀箕箒，慮立訊語；抱哺其子，與公併踞；婦姑不相說，則反脣而睨。其慈子嗜利，而輕簡父母也，念罪非有倫理也，（其）不同禽獸僅焉耳。然猶并心而赴時者，曰功成而敗義耳。蹷六國，兼天下，求得矣，然不知反廉恥之節，仁義之厚，（信）并兼之法，遂進取之業，凡十三歲而社稷爲墟，不知守成之數，得之（之）術也。悲夫！

又過秦論中云：

夫并兼者高詐力，安危者貴順權；以此言之，取與守不同術也。秦雖離戰國而王天下，其道不易，其政不改，是以其所以取之也，孤獨而有之，故其亡可立而待也。

又過秦論下云：

取與守不同術也。秦雖離戰國而王天下，其道不易，其政不改；是以其所以取之也孤獨而有之，故其亡可立而待之。

在同一政權之下，攻守之形勢常有不同，爭取政權之時，政策雖不變，亦可因發揚踔厲之精神，度過難關。及採守勢，民心已隨時勢轉變，此時若不更改策略，必遭慘敗。故陸賈云：「馬上得之，寧可以馬上治之乎？」秦政未能知此，終致速亡；漢高祖知之，在守成時採取異乎奪取時之策略，故能長治久安。賈誼於此亦知之深，又知其時代環境異於高祖之時，祖宗法制已不足因應時代需要，為求長治久安，乃提出許多改制主張。

七、改制尊君

法制與生民有莫大關係，其良窳足以影響整個民生，善定法制，則可保障人民權益。漢承秦制，賈誼既主張因時達變，秦制多有不善者，故力主變更。

史記賈誼傳云：

賈生以為漢興至孝文，二十餘年，天下和洽，而固當改正朔，易服色，法制度，定官名，興禮樂。乃悉革具其事儀法，色尚黃，數用五，為官名，悉更秦之法。

賈誼認為制度出自人為，非天所定。其俗激篇云：

夫立君臣，等上下，使父子有禮，六親有紀，此非天所為，人之所設也。

制度乃政治之軌轍，賈誼認為無制度則無軌轍，實為社會混亂之根源。俗激篇云：

若夫經制不定，是猶渡江河無維楫，中流而遇風波也，船必覆敗矣。世淫侈矣，飾知（巧）以相詐利者爲知士，敢犯法禁昧大奸者爲識理，故邪人務而日形，奸詐繁而不可止，罪人積下，衆多而無時已，君臣相（冒），上下無辨，此生於無制度也。

瑰瑋篇亦云：

確立制度，則政有所循，綱常倫理，自必井然有序，淫侈奸邪之風也可戢息，社會將是一片安和樂利。俗激篇：

今而四維猶未備也，故奸人冀幸，而衆下疑惑矣。豈如今（定）經制，令主主臣臣，上下有差，父子六親，各得其宜，奸人無所冀幸，群衆信上，而不疑惑哉。此業一定，世世常安，而後有所持循矣。

瑰瑋篇云：

今去淫侈之俗，行節儉之術，使車輿有度，衣服器械各有制數。制數已定，故君臣絕尤，而上下分明矣。

其擬議中之制度，分等級，定尊卑。史記平準書記漢初藩侯奢侈踰等之生活情況曰：「宗室有土，公卿大夫以下，爭於奢侈，室廬輿服僭於上，無限度。」目睹此一僭越，賈誼極爲痛心，曾力陳其非。等齊篇云：

天子之相，號爲丞相，黃金之印；（諸侯之相，號爲丞相，黃金之印），而尊無異等，秩加二千石之上。天子列卿秩二千石，諸侯列卿秩二千石，則臣已同矣。人主登臣而尊，今臣既同，則法惡得不齊？天子衞御，號爲大僕，銀印，秩二千石；諸侯之卿，號曰大僕，銀印，秩二千石，則御已齊矣。御既已齊，則車飾惡得不齊？天子親號云太后，諸侯親號云太后；天子妃號曰后，諸侯妃號曰后；然則諸侯何損？而天子何加焉？妻既已同，則夫何以異？天子宮門曰司馬，闌入者爲城旦，諸侯宮門曰司馬，闌入者爲城旦。殿門俱爲殿門，闌入之罪，亦俱棄市；宮墻門衞同名，其嚴一等，罪已鈞矣。天子之言曰令，令甲令乙是也；諸侯之言曰令，（令）儀（令）言是也。天子卑號，皆稱陛下，諸侯卑號稱陛下，天子車曰乘輿，諸侯車曰乘輿，乘輿等也。衣被次齊貢死經緯也。苟工巧而志欲之，唯冒上軼主次也。然則所謂主者安居？臣者安在？

爲達成確保君主至尊之位，賈誼乃有等級分明之主張。階級篇云：

人主之尊，辟無異堂陛，陛九級者，堂高大幾六尺矣，若堂無陛級者，堂高殆不過尺矣。天子如堂，群臣如陛，衆庶如地，此其辟也。故陛九級上，廉遠地，則堂高，陛無級，廉近地，則堂卑，高者難攀，卑者易陵，理勢然也。故古者聖王制爲列等，內有公卿大夫士，外有公侯伯子男，然後有官師小吏，施及庶人，等級分明，而天子加焉，故其尊不可及也。

並提出以衣服，車輿爲貴賤尊卑之資別。因「人之情不異，面目狀貌同類，貴賤之別，非人天根著於形容也」（註一七）。

至其「制服之道」，服疑篇云：

取至適至和以予民，至美至神進之帝。奇服文章，以等上下而差貴賤。是以高下異：則名號異；則權力異；則事勢異；則旗章異；則符瑞異；則禮寵異；則秩祿異；則冠履異；則衣帶異；則環珮異；則車馬異；則妻妾異；則澤厚異；則宮室異；則床席異；則器皿異；則食飲異；則祭祀異；則死喪異。故高則此品周高，下則此品周下。加人者品此臨之，埤人者品此承之；遷則品此者進，絀則品此者損。

蓋「貴賤有級，服位有等」，則「天下見其服而知其貴賤，望其章而知其勢峷。」而「卑尊已著」，「上下已分」，「下不凌等」，「臣不踰級」，「謹守倫紀」，則「亂無由生」。再者「卑不疑尊，賤不逾貴，尊卑貴賤，明若黑白，則天下之衆不疑眩耳。」（註一八）此其力主分等級，定尊卑之所由也。故服疑篇云：

等級既設，各處其檢，人循其度，擅退則讓，上僭則誅。建法以習之，設官以牧之，是以天下見其服而知其貴賤，望其章而知其勢峷。人定其心，各著其目，故衆多而天下不眩，傳遠而天下識祇。卑尊已著，上下已分，則人倫法矣。於是主之與臣，若日之與星。臣不幾可以疑主，賤不及可以冒貴。下不凌等，則上位尊；臣不踰級，則主位安；謹守倫紀，則亂無由生。

八、衆建諸侯

漢高祖平定天下後，爲酬庸功臣，不得不採取妥協辦法，分封異姓諸王，後復一一誅殺。異姓諸王既盡，思及秦之速亡由于無宗室輔佐，乃大封同姓諸侯王，並刑白馬設盟：「非劉姓而王者，天下共擊之。」（註一九）同姓諸侯王之聲勢雖曾受挫於呂后，呂后一死，立即恢復。且擁有地方之行政權、財政權、軍權、紀年權。（註二〇）儼然君臨一方，驕恣不法，形成漢初最嚴重之政治問題。

賈誼知其嚴重，乃提出衆建政策，諸侯王去世，即將其封地分封諸子以削其力量，減少中央所受之威脅，復可保全君臣間之骨肉關係。此一建議，至景帝時始見實行，所受阻力至大，引起七國之亂，幸而迅速平定，同姓諸侯王之威脅解除。中央集權乃得邁進一大步。

藩疆篇云：

欲天下之治安，天子之無憂，莫如衆建諸侯而少其力。

蓋當時諸侯王驕恣不法，權埒君主，情況已極嚴重，故大都篇云：「天下之勢，方病大尰，一脛之大幾如要，一指之大幾如股。惡病也；平居不可屈信，一二指搐，身固無聊也。」設不及時化解，則將如其所云「失今不治，必爲痼疾，後雖有扁鵲，弗能爲已。」

衆建諸侯之法，其略已述於上，其詳則見五美篇：

割地定制，齊爲若干國，趙楚爲若干國，制既各有理矣，於是齊悼惠王之（子孫），分地盡而

（止），趙幽王楚元王之子孫，亦各以次受其祖之分地，燕吳淮南佗國皆然。其分地衆而子孫少者，建以爲國，空而置之，須其子孫生者，舉使君之。諸侯之地，其（削）頗入漢者，爲徙其侯國及封其子孫於彼也，所以數償之。故一寸之地，一人之衆，天子無所利焉，誠以定（制）而已。

如此「力少則易使以義，國小則無邪心。」（註二一）可以「令海內之勢，如身之使臂，臂之使指，莫不從制。諸侯之君，敢自殺，不敢反，志知必菹醢耳。不敢有異心，輻湊並進，而歸命天子。天下無可以徼倖之權，無起禍召亂之業。」達到「下無倍叛之心，上無誅伐之志，上下懽親，諸侯順附。」「帝道還明，而臣心還正，法立而不犯，令行而不逆；貫高利幾之謀不生，機奇啓章之計不萌。細民鄉善，大臣致順。」「臥赤子衽席之上而天下安，植遺腹，朝委裘，而天下不亂，社稷長安，宗廟久尊，傳之後世，不知其所窮。」（註二二）

今人孫會文「賈誼衆建政策之思想背景（下）」云：

賈誼以爲當時之諸侯王土廣勢重，用仁義恩厚已不足爲制，非用權執法制不可。「仁義恩厚」者儒家爲治之道也。「權執法制」者法家爲治之道也。賈誼捨「仁義恩厚」而以「權執法制」制諸侯。是可知賈誼「衆建」政策的基本立場是法家的而不是儒家的。故吾人雖不能說賈子弱藩政策已完全脫離儒家之影響。但吾人可斷言其受儒家影響實不及法家影響之大。孝文之所以能採賈生之議而付之於實施，實因「孝文本好刑名之言」（漢書儒林傳）的緣故。「及至孝景不任儒」（同上）用刑名大師晁錯之議，雖然激起一場大變，然景帝乘戰勝之餘威，遂大事削諸侯之政權，武帝以後，主父偃襲賈生之言，倡「推恩」之策，武帝採行之餘，復「作左官之律，設附益之法」（漢書諸侯王表）以治之，自此「諸侯王惟衣食稅租，不與（豫）政事。」（同上）甚而「貧者或乘牛車」（漢書高五王傳）。故景武以降，藩國雖名為封君，實則中央直轄郡縣而已。此皆賈生襲法家君主集權之主張有以致之云。」（註二三）

第三節　賈誼之經濟思想

秦末自陳勝吳廣起兵，至項羽敗死，戰亂近五年，經濟生產遭受嚴重破壞，以至漢代立國之初，物質極為匱乏，黎民赤貧如洗，漢書食貨志云：「漢興，接秦之敝，諸侯並起，民失作業而大飢饉。……人相食，死者過半。」史記平準書亦云：「大都各城，散亡戶口，可得數者十二三」，「米至石萬錢，馬匹則百金。」高祖嘗身歷其境，深知民生困敝，故於一統後之第六年卽詔告天下，訪賢求能，釐訂政策，積極推進復建運動。政治主無為之治，予民休養生息，財經則減賦稅，以輕農民負擔，僅數十年，卽步上經濟繁榮之境。此一結果雖可喜，然亦帶來許多社會問題，文帝之時，經濟上已呈現畸形之發展。社會風氣日趨奢侈，貧富懸殊日益加大。賈誼為矯正時弊，曾上疏力陳其策。他對經濟上之主張有下列三端：

一、重農抑商

儒家主張足食愛民，法家强調物質重於金玉，文帝引鼂錯疏詔：「金玉雖多，時貨不遂，謂之貧國。」（註二四）賈誼以爲賢士治國，「以富樂民爲功，以貧苦民爲罪。」（註二五），並提出「富樂民」之具體方法，重農卽爲其法之一。蓋民以食爲天。我國往昔以農立國，上古社會卽以農耕、稼穡爲基本經濟生活，農業發達，食穀盈庫，自然財富充足。故賈誼主張使人民盡歸於農，「皆著於本，使天下各食其力，末技游食之民轉而緣南畮。」（註二六）蓋「末技游食之民」多則「生之有時，而用之無度」，「物力必屈」也。（註二七）

士、農、工、商，昔日謂之四民。在今日，農商可並行發展而不相妨。然在古昔，科學不發達，無機器，一切皆仰仗人力，從商之人多，務農之人必少，農田缺少人力，生產凋敝，故賈誼於重農之外，並主張抑商。此抑商之策在賈誼之前卽已推行。戰國時，秦孝公曾採商鞅之計，急耕戰，賤商賈。漢初，商賈以其貲財壟斷市場，交通王侯，故高祖令禁商人不得衣錦繡綺縠，並加重其稅賦。惠后時，禁令稍寬，但仍禁賈人爲吏。唯因「用貧求富，農不如工，工不如商。」（註二八）利之所在，爭相奔趨，故商人雖屢遭抑制，仍風光一時，賈誼憂之，以爲商賈不事生產，坐獲厚利，生活過於佚樂，致令世俗淫侈，姦邪蠭起，故倡議重農抑商。並禁奇巧末技。瑰瑋篇云：

夫奇巧末技商販遊食之民，形佚樂而心縣愆，志苟得而行淫侈，則用不足而蓄積少矣。卽遇凶旱，必先困窮迫身，則苦飢甚焉。今敺民而歸之農，皆著於本，則天下各食於力，末技游食之民，轉而緣南畝，則民安性勸業，而無縣愆之心，無苟得之志。行恭儉蓄積，而人樂其所矣。」

賈誼之所以作此主張，乃因重視農業，抑制商人，有下述三種效益。

(一)蓄積以備凶年

諺云：「有備無患。」在水利不發達之古代，農人靠天吃飯，平時如無積蓄，一旦遭遇凶年，或猝然有警，將難逃凍飢之危。

憂民篇云：

> 王者之法，民三年耕而餘一年之食，九年而餘三年之食，三十歲而民有十年之蓄。故禹水八年，湯旱七年，甚也，野無靑草，而民無飢色，道無乞人，猶禁陳耕，古之爲天下，誠有具也。王者之法，國無九年之蓄，謂之不足；無六年之蓄，謂之急；無三年之蓄，曰國非其國也。

因此，政府必須鼓勵農民勤耕生產，積餘糧以備水旱之需。

(二)保障國家安全

漢初，國家多事，內則「制度疏濶，諸侯王僭儗過古制。」（註二九）外則匈奴屢犯邊境，烽火連綿。政府欲想長治久安，必須先充裕財力，以爲後盾。積財之方，當以生產爲首要，賈誼以爲人民富足，國家自然有雄厚之貲財，應付外患，當可攻守自如，使敵人屈服。無蓄篇云：「粟多而財有餘，何饗而不濟？以攻則取，以守則固，以戰則勝，懷柔附遠，何招而不至？」可見賈誼已認定務農爲治國安民之根本。

㈢端正社會風氣

賈誼以爲商人不耕而食，不勞而獲，坐享厚利，累積財富，生活佚樂奢靡，敗壞社會風氣至甚，故其瑰瑋篇云：「世淫侈矣，飾知巧以相詐利者爲知士。敢犯法禁昧大姦者爲識理，故邪人務而日起，姦詐繁而不可止，罪人積下衆多而無時已。」此種情形足以引起社會秩序之紛亂，導致道德之墮落。而農民則生活質樸，賈誼之所以重農除以闢財源，以裕民生之外，亦在倡導樸實之社會風氣，而其抑商，則在消除商人之驕奢生活對社會風氣之不良影響。

二、鼓勵積蓄

致富之法，一爲開源，一爲節流。生產可以開源，蓄積可以節流，兩者相輔相成。

漢初戰亂之後，雖有一段泰平時期，然至文帝時，民食猶有不足，公私皆無蓄積，賈誼於無蓄篇云：「漢之爲漢幾四十歲矣，公私之積，猶可哀痛也。故失時不雨，民且狼顧矣。歲惡不入，請賣爵鬻子，既或聞耳矣！」賈誼欲挽此阽危之勢，故主張蓄積，謂平日如無蓄積，則「不幸有方二三千里之旱，國何以相恤？卒然邊境有急，數十百萬之衆聚，國何以餽之矣？」（註三〇）勢將演出兵旱相乘，天下大屈，勇力者聚徒而橫擊矣，罷夫羸老易子孫而齩其骨」之慘劇，勢將造成社會之動盪不安，危及國本。如有積蓄，則「粟多而財有餘，何嚮而不濟？以攻則攻，以守則固，以戰則勝，懷柔附遠，何招而不至？」（註三一）非但可使財富充足，且能操持天下之大勢。何況「倉廩實，知禮節；衣食足，知榮辱。」蓄積尚能減少許多社會問題，安可不計及此？無蓄篇云：「王制曰：『國無九年之蓄，謂之不足；無六年之蓄，謂之急；無三年之蓄，國非其國也。』」因漢王不使吏計，所以如此，賈誼認爲可爲之流涕。則其鼓吹蓄積之故可知矣！

三、禁鑄私幣

秦時幣制，銅錢重半兩，統由政府鑄造。漢興，以秦錢重難用，改鑄莢錢，重三銖，任民自鑄。呂后即位，又更鑄五分錢，禁民盜鑄。文帝時錢益多而輕，乃更鑄四銖錢，並解除盜鑄錢之禁令，任由人民自鑄。幣制之一改再改，遂致市肆異用，金融混亂。鑄錢篇云：

且世民用錢，縣異而郡不同，或用輕錢，百加若干，輕小異行；或用重錢，平稱不受。法錢不立，將使天下操權族，而吏急而一之乎？則（吏）煩苛而民弗任，且力不能而勢不可施，縱而弗苛乎，則郡縣異，肆不同，小大異（同），錢文大亂，夫苟且其術，則何嚮而可哉？

「錢文大亂」僅爲弊端之一，任民自鑄之後果尚不止此。賈誼以爲事有召禍，法有起奸，故放民鑄錢爲大不智，將有三大禍事。銅布篇云：

銅布於下，爲天下菑，何以言之？銅布於下，則民鑄錢者，大抵必雜石鉛鐵焉，黥罪日繁，此一禍也。銅布於下，僞錢無止，錢用不信，民愈相疑，此二禍也。銅布於下，采銅者棄其田疇，家鑄者損其農事，穀不爲則鄰於飢，此三禍也。」

任民自鑄錢幣，民貪小利必作僞而雜以銅錫，勢將觸犯法章而罹罪，是懸法以誘人入罪，有損政府威信。賈誼以爲大不可。鑄錢篇曾評及之云：

夫事有召禍，而法有起奸。今令細民操造幣之勢，各隱親其家而公鑄作，因欲禁其大利微（奸），雖黥罪日報，其勢不止，此理然也。夫日著以請之，則吏隨而揜之，爲民設阱，孰積於是，上弗蚤圖之，民勢且盡矣。

而僞錢充斥，錢用不信，勢必擾亂金融，動盪人心。加之民皆棄農採銅爭鑄，將妨礙農事，導致農村衰敗。故賈誼主張「民鑄錢，不可不禁。」蓋禁鑄可去博禍，可致七福，實爲當務之急。銅布篇又云：

故銅布於下，其禍博矣。今博禍可除，七福可致。何謂七福？上收銅，勿令布下，則民不鑄錢，黥罪不積，一。銅不布下，則僞錢不蕃，民不相疑，二。銅不布下，不得采銅，不得鑄錢，則民反耕田矣，三。銅不布下，畢歸於上，挾銅積以御輕重，錢輕則以術斂之，錢重則以術散之，則錢必治矣，四。挾銅之積，以鑄兵器，以假貴臣，小大多少，各有制度，以別貴賤，以差上下，則等級明矣，五。挾銅之積，以臨萬貨，以調盈虛，以收畸羨，則官必富而末民困矣，六。挾銅之積，制吾棄財；以與匈奴逐爭其民，則敵必懷矣，此謂之七福。

賈誼禁鑄之議，非但使朝廷可因積銅以御錢之輕重，穩定幣制，且可以之鑄造兵器，以制匈奴入侵，有「黥罪不積」、「僞錢不繁」、「采銅作者反於耕田」、「貨物必平」、「用別貴賤」、「官富貴而末民困」、「敵必懷矣」等功效，一舉九得，莫此爲便。尤有進者，其所提「法錢不立」（註三三）之「法錢」觀念，實爲一高瞻遠矚之創見，乃後世統一幣制之張本，鑄法錢之議雖未爲文帝採納，然武帝元鼎二年（西元前一一五年），「悉禁郡國毋鑄錢，專令上林三官鑄。錢既多，而令天下非三官錢不得行。諸郡國前所鑄錢皆銷廢之，輸入其銅三官，而民之鑄錢益少，計其費，不能相當。」三官錢卽賈誼所倡議之「法錢」矣。而天下將銅輸入於三官，亦卽賈誼主張之銅由朝廷專有之意。同時，武帝鑄造統一之五珠錢，一舉而去漢初數十年幣制之擾攘，賈誼之遠見終於在武帝時付諸實現。

第四節　賈誼之邊防思想

一、漢初與匈奴之關係

秦漢時期，最大之外患皆來自匈奴。秦始皇統一天下之後，卽「使蒙恬北築長城，而守藩籬，却匈奴七百餘里」，胡人因之「不敢南下而牧馬」（註三三）。楚漢鏖戰之際，無暇顧及邊防，又逢匈奴一代梟雄冒頓單于崛起，盡佔蒙恬所取河套之地，又侵入現今山西陝西北部，且以驕兵之計，東滅東胡，西滅月氏，北服丁零等五小國，建立一强大之匈奴帝國，對漢虎視眈眈。高祖所面對者，即爲此雄據北方之强敵。西元前二〇〇年平城之戰，高祖曾於白登山被圍困達七日之久，賴陳平之計始獲脫困（註三四）。此後高祖以國勢未盛，力不足以服匈奴，遂納劉敬之議，用和親政策，懷柔匈奴（註三五）。惠帝時仍用和親政策，惠帝三年（西元前一九二年）且以宗室女爲公主，嫁匈奴單于爲閼氏（註三六）。漢初對匈奴之外交，可謂處處委屈求全，然雖以「和親」及「厚幣」相籠絡，仍時遭匈奴侵侮侵掠。如孝惠三年春，冒頓致書呂太后云：「孤僨之君，生於沮澤之中，長於平野牛馬之域，數至邊境，願遊中國。陛下獨立，孤僨獨居，兩主不樂，無以自虞，願以所有，易其所無。」辭極褻嫚，呂后雖震怒，亦無可奈何，唯有婉言辭謝。又如文帝三年，匈奴南下，入居北地河南爲寇，十一年，再寇狄道，十四年又以十四萬騎入朝那蕭關，殺北地都尉卬，虜人民畜產甚多。自高祖六年迄文帝十四年（西元前二〇一年至一六六年），四十年間，匈奴寇邊有八次之多。和親之策非但無效，反而助長匈奴驕倨之勢。班固對此曾詳述曰：

和親之論發於劉敬，是時天下初定，新遭平城之難，故從甚言，約結和親，賂遺單于，冀以救安邊境。孝惠高后時，遵而不違，匈奴寇盜不爲衰止，而單于反益加驕倨。逮至孝文，與通關市，妻以漢女，增厚其賂，歲以千金，而匈奴數背束約，邊境屢被其害。……此則和親無益，已然之明效也。（註三七）

以堂堂大漢而對匈奴屈辱如此，賈誼深以爲恥。新書勢卑篇云：

匈奴侵侮甚，遇天子至不敬也，爲天下患，至無已也。以漢而歲致金絮繒綵，是入貢職於蠻夷也，顧爲戎人爲諸侯也，勢既卑辱，而禍且不息，長此何窮。陛下胡忍以帝皇之號，持居此賓！進諫者類以爲是，困不可解也。無具甚矣。竊料匈奴之衆，不過漢一千石大縣，以天下之大，而困於一縣之小，甚竊爲執事羞之。

漢初情勢，確實如此，賈誼之言，蓋有感而發也。

文帝之時，距楚漢之爭已二十年，生聚敎訓，國力已强於往日。唯因久經匈奴欺迫，恐懼匈奴心埋難除，爲加强自信，振作士風民心，賈誼乃告國人以匈奴實力不過漢一千石大縣，有何足懼。匈奴篇云：

竊料匈奴控弦大率六萬騎，五口而出介率一人，五六三十，此卽戶口三十萬耳，未及（漢）千石大縣也，而（欲）敢歲言侵盜；屢欲亢禮，妨害帝義，甚非道也。

所言雖昧於匈奴實況，出於臆測，未免輕率，然實爲惠帝以來，致力于消除恐匈病之第一人。匈奴窺伺於北疆，文帝時之守邊將士，枕戈待旦，備極辛勞，爲「斥候者望烽燧而不敢臥，將吏戎者，或介冑而睡。」（註三八）彼時「西郡北郡，雖有長爵，不輕得復；五尺以上，不輕得息」，而「匈奴欺侮侵掠，未知息時」，「天下倒縣甚苦」（註三九），進諫者竟謂天下已安已治，足令賈誼長爲流涕。而每年致送匈奴金絮繒綵，無異進貢，實有損漢室顏面。且姑息足以養奸，苟安只能偷生一時，故賈誼力主破除偸安心理，籲求國君自强奮發，以雪國恥。且有對匈奴之具體主張於下：

二、備邊政策

賈誼於備邊之積極主張爲力圖自强，設置邊官，勤講武事，以夷制夷，消極主張爲採三表五餌之法，創弱匈奴實力，雙管齊下，全力以赴，策至周詳。

㈠積極政策

1設置專官

古者分官設職，蓋欲使事有專屬也。賈誼謂設專職以理邊，予俸祿以獎勵邊吏，當可制匈奴而收實效。匈奴篇云：「陛下何不使能者一試理此，將爲陛下以耀蟬之術振之。爲此立一官，置一吏，以主匈奴，誠能此者，雖以千石居之可也。」武帝時之典屬國，及後世之理藩院之設，即本此設官理邊之意。

2勤講武事

司馬法云：「殺人安人，殺之可也。以戰去戰，雖戰可也。」韓非子顯學篇云：「力多則人朝，力寡則朝於人。」漢自高祖至文帝以來，頻頻和親，而匈奴却頻頻寇邊，和親既不能解決問題，終必訴諸武力。而決勝疆場，則有賴將猛兵强，故漢初頗注重武事，如漢官儀卷上云：「高祖命天下郡國選能引關蹶張材力武猛者，以爲輕車騎士樓船，常以立秋後講詣課試，各有員數，平地用車騎，山阻用材官，水泉用樓船。」高祖固已知非如此加强戰力，不能與匈奴較力於北疆沙場之上，賈誼亦以爲防邊應加强軍隊之訓練，勤講武事，不可苟安於佃獵娛樂。勢卑篇云：「今不獵猛敵而獵田彘，不搏反寇而搏畜菟，所獵得毋小，所搏得毋急乎？縏細虞，不圖大患，非所以爲安。」

3. 以夷制夷

漢之外敵，不僅匈奴，特匈奴爲虐最甚，故以防匈奴爲急務。賈誼則已預見可用已臣服之匈奴備邊。已臣服之匈奴固非僅欲臣服之而已也。匈奴篇云：「將必以匈奴之衆，爲漢臣民制之，令千家而爲一國，列處之塞外，自隴西延至遼東，各有分地以衞邊，使備月氏灌窳之變，皆屬之其置郡，然後罷戎休邊，民天下之兵。」其後武帝通西域，斷匈奴右臂而用之，卽此以夷制夷之策之運用，賈誼固一有遠見之戰略家也。

(二) 消極政策

1. 三表五餌，利誘德柔

漢初國力未盛，自高祖七年被困於平城，漢使婁敬與匈奴結和親之約以來，漢實無力與匈奴周旋，對匈奴不得不採懷柔政策，然匈奴日益驕蠻，和親納幣，已不能饜其欲。文帝之時，國力雖日漸充實，仍不敢北抗强敵，賈誼深不以爲然，故建議文帝採利誘及德柔雙管齊下之「三表五餌」克敵策略。新書匈奴篇云：

臣且以事勢諭天子之言，使匈奴大衆之信陛下也，爲通言耳，必行而弗易。夢中許人，覺且不背其信。陛下已諾，若信日出之灼灼。故聞君一言，雖有微遠，其志不疑，仇讐之人，其心不殆，若此則信諭矣，所孤莫不行矣，一表。臣又且以事勢諭陛下之愛，令匈奴之自視也，苟胡面而我狀者，其自以爲見愛於天子也，猶弱子之遻慈母也，若此則愛諭矣。一表。臣又且以事勢諭陛下之好，令胡人之自視也，苟其技之所長，與其所工，一可當天子之意，若此則好諭矣。一表。愛人之狀，好人之技，仁道也，信爲大操，帝義也，愛好有實，己諾可期，十死一生，彼必將至，此謂三表。

賈誼所謂三表者卽天子之信、天子之愛、天子之好也。三表乃示匈奴以信愛，使其懷服。五餌者：將以壞其目，壞其口，壞其耳，壞其腹，壞其心也，五餌示匈奴以物慾，投以饗，可收其人心而離間其國，故「將必以匈奴之衆爲漢臣民，制之令千家而爲一國。」（註四〇）匈奴篇又云：

匈奴之來者，家長已上，固必衣繡，少者必衣文錦，將爲銀車五乘，大雕畫之，駕四馬，載綠蓋，從數騎，御驂乘，且雖單于之出入也，不輕都此矣。令匈奴降者，時時得此而賜之耳，一國聞之者見之者，希心而相告，人冀幸以爲吾至，亦可以得此，將以壞其目，一餌。匈奴之使者至，若大降者也，大衆之所聚也，上必有所召賜食焉。飯物故四五，盛美胾，膹炙肉，具醯醢，方數尺於前。令一人坐此，胡人（欲觀）者，固百數在旁，得賜者之喜也，且笑且飯，味皆所嗜而所未嘗得也。令來者時時得此而饗之耳。一國聞之者見之者，垂（湙）而相告，人（悇）憚其所，自以吾至亦將得此，將以此壞其口，一餌。降者之傑也，若使者至也，上必使人有所召客焉。令得召其知識，胡人之欲觀者勿禁。令婦人傅白（黛）黑，繡衣而待其堂者二十、三十人，或薄或揜，爲其胡戲，以相飯。上使樂府幸假之但樂，吹簫鼓鞀，倒挈面者更進，舞者踰者時作。少閒擊鼓，舞其偶人，莫時乃爲戎樂，携手胥彊，上客之後，婦人先後扶侍之者，固十餘人，令使者降者時或得此而樂之耳。一國聞之者見之者，希盱相告，人人伋伋，唯恐其後未至也，將以此壞其耳，一餌。凡降者，陛下之所召幸，若所以約致也，陛下必有時有所富，必令（比）有高堂邃宇，善厨處，六囷京，廐有編馬，庫有陣車，奴婢諸嬰兒畜生具，令此時大具召胡客饗胡使，上幸令官助之，具假之樂。令此其居處樂虞囷京之畜，皆過其故王慮出其單于，或時時賜此而爲家耳。匈奴一國傾心而冀，人人伋伋，惟恐其後來至也，將以此壞其腹，一餌。於來降者，上必時時而有所召幸拊循，而後得入官。夫胡大人難親也，若上於故嬰兒召貴人子好可愛者，上必召幸大數十人，爲此繡衣好閑，且出則從，〔入〕則更侍。上卽饗胡人也，大（觳）抵也，客胡使也，功士武士固近侍傍，胡嬰兒得近侍側，故貴人更進得佐酒前，上乃幸自御此薄，使付酒錢，時人偶之。爲閒則出繡衣具帶服賓餘，時以賜之。上卽幸拊胡嬰兒，擣遒之，戲弄之，乃授炙，幸自啗之，出好衣閑，且自爲贛之，上起，胡嬰兒或前或後。胡貴人既得奉酒，出則服衣佩綬，貴人而立於（前），令數人得此而居耳。一國聞者見者，希盱而欲，人人伋伋，惟恐其後來至也。將以此壞其心，一餌。故牽其耳，牽其目，牽其口，牽其腹，四者已牽，又引其心，安得不來，下胡抑抎也，此謂五餌。

三表五餌。卽賈誼所稱之「耀蟬之術」，此乃據「强國戰智，王者戰義，帝者戰德之說擬出之克敵之法。賈誼深信此以物質聲色誘敵，信愛仁色誘敵，信愛仁義柔敵之策，必可使單于陷於孤立無助之困境，令係頸稽顙請歸順。（註四一）雖班固評爲「其術固已疏矣」，祁玉章賈子探微亦云：「匈奴悖信泯愛，中國禮法，不足以遏其私，慾壑難塡，口腹之物，無能格其心，賈子以君子之心，度小人之腹，可謂昧於大勢，而不知兵法用奇，不可以常理衡量云耳。」然觀資治通鑑所述，則知賈誼此術確有可行之處，未必全爲書生之見。資治通鑑孝文皇帝中云：

後頃之，冒頓死，子稽粥立，號曰老上單于。老上單于初立，帝復遣宗室女翁主爲單于閼氏，使宦者燕人中行說傳翁主。說不欲行，漢強使之。說曰：必我也爲漢患者。中行說既至，降單于，單于甚親幸之。初，匈奴好漢繒絮食物，中行說曰：匈奴人衆，不能當漢之一郡；然所以強者，以衣食異，無仰於漢也。今單于變俗，好漢物，漢物不過十二，則匈奴盡歸於漢矣。

「建三表，設五餌」之法，文帝未用，或其時現實條件不足，不易驟然施行，然賈誼大聲疾呼「係單于之頸而制其命。」（註四二），並自願擔負抵制匈奴任務，其過人膽識實無愧近人傅樂成之譽爲「漢惠帝以來，致力於掃除『恐匈病』之第一人。」（註四三）而文帝中世以後，「赫然發憤，遂躬戎服」積極準備對匈奴用兵，亦未嘗無誼之影響在。

再觀五代十六國時匈奴劉淵所云：「昔我太祖高皇帝以神武應期，廓開大業。太宗孝文皇帝重以明德，升平漢道。世宗孝武皇帝招土攘夷，也過唐日。中宗孝宣皇帝搜揚俊義，多士盈野。是我祖宗道邁三王，功高五帝云云」，及劉淵赦其境內，立漢高祖以下三祖五宗神主而祀之事（註四四），則賈誼之策果爲文帝所用，亦未必全然無功，匈奴之心非能一致者，固未嘗不可動之以表或餌也。

2 削弱匈奴實力

(1)開放關市，移民實邊

高祖時，匈奴奪取河南之地，可進窺關中，予漢以莫大威脅，故劉敬曾建議高祖徙民以實關中，强幹弱枝，以備胡騎之來侵。漢書卷四十三劉敬傳云：

高祖罷平城歸……使劉敬往結和親約，敬從匈奴來，因言匈奴河南白羊樓煩王，去長安近者七百里，輕騎一日一夕可至。秦中新破，少民，地肥饒，可益實。夫諸侯初起時，非齊諸田，楚昭屈景莫與。今陛下雖都關中，實少人，北近胡寇，東有六國强族，一日有變，陛下亦未得安枕而臥也。臣願陛下徙齊諸田，楚昭屈景，燕魏韓趙後，及豪傑名家，且實關中。無事可以備胡，諸侯有變，亦足率以東伐，此强本弱末之術也。上曰善，乃使劉敬徙所言關中十餘萬口。

蓋欲求邊境安寧，必須繁殖邊境戶口，邊境人口稀少，則草不盡墾，地利不盡出，一旦外寇入侵，易被敵人略取。移民實邊，經濟上、國防上均有極大利益。賈誼以爲匈奴屢犯滑而深求者，關市也，故倡議於要險之所，多設關市，多置商賈，以吸引胡人。並利用關市之設，每關市使足以自守，此即邊防之長城，可使胡人著於此長城下。匈奴篇云：

彼匈奴見略，且引衆而遠去，速此有數。夫關市者固匈奴所犯滑而深求也，願上遣使厚與之和，以不得已許之大市。使市反，因於要險之所，多爲鑿關，衆而延之，關吏卒使足以自守。大每一關，屠沽者、賣飯食者、羹臞膹炙者，每物各一二百人，則胡人著於長城下矣，是王將彊北之，必攻其王矣。以匈奴之飢，飯羹、啗膹炙嚾濁，多飲酒，此則亡竭可立待也。

蓋匈奴强悍，非多方以弱之，無法勝之也。

⑵以吳王濞及淮南王長之財爲弱匈奴之資

國家各項建設，皆賴雄厚之財力支持。應付匈奴之國防建設，自不例外。賈誼以爲收吳王濞及淮南王長之財，足爲弱匈奴之資。匈奴篇云：

曰：「建三表，明五餌，盛資翁主，禽敵國而后止，費至多也，惡得財用而足之？」對曰：「請無敢費御府銖金尺帛，然而臣有餘資。」問曰：「何以？」對曰：「國有二族，方亂天下，甚於匈奴爲之邊患也。使上下踳逆，天下窾貧，盜賊罪人，蓄積無已，此二族爲宗也。上去二族，弗使亂國，天下治富矣。臣賜二族，使崇匈奴過足言者。

此二族卽吳王濞與淮南王長之族，損二族以抑匈奴，雖非當時情勢之所能行，亦足啟文景武三帝早籌財源之計。從消極之防禦到積極之攻擊皆有所論列，所提之對匈奴强硬政策，實爲武帝撻匈奴決策之先導，賈誼之邊防思想，固不可因在文帝時未能付諸實施而謂爲術疏計淺也。

第五節　賈誼之教育思想

教育爲個人立身處世及國家盛衰民族興亡之所繫。賈誼有見於此，故於議論軍國大事之外，亦兼及教育。又因太子爲儲君，其一言一行，影響國政人心至鉅，故於太子教育論之獨詳，玆析述於次：

一、教育功能

賈誼以爲教育之功能有二：

㈠化惡成善

人性本無不同，其所以有賢不肖之差異者，乃教習使然，荀子此說，誼實承之。保傅篇云：

胡越之人，生而同聲，嗜慾不異，及其長而成俗也，累數譯而不能相通，行有雖死而不相爲者，則教習然也。

教育有潛移默化之功，導之善則善，導之惡則惡，故保傅篇又云：

豈爲胡亥之性惡哉？彼於以導之者，非其理故也。

賈誼以爲人性有上中下之別（註四五），富有可塑性，故極重視教育之導向功能，認爲宜導之以德教，故漢書載誼之語云：

導之以德教者，德教洽而民氣樂；毆之以法令者，法令極而民氣衰。

又云：

婴以廉恥，故人矜節行；上設廉恥禮義，以遇其臣，而臣不以節行報其上者，非人類也。故化成俗定，則爲人臣者，主耳忘身，國耳忘家，公耳忘私。利不苟就，害不苟去，惟義所在，上之化也。

蓋化民成俗，非德教不爲功也。

㈡發展天賦

教育除能化惡成善外，並能發展人之良知良能。六術篇云：

凡人弗能自志，是故必待先王之教，乃知所從事。是以先王爲天下設教，因人所有以之爲〔訓〕；道人之情，以之爲眞，是故內〔法〕本六法，外體六行，以與詩、書、易、春秋、禮、樂六者之術，以爲大義，謂之六藝。令人緣之以自修，修成則得六行矣。

人之六行賈誼認爲非與生俱來，故必待先王爲之設教，因人之天賦，道人之情，人之本能與天賦乃各得其發展。

孟子曾以「舜何人也，予何人也，有爲者亦若是。」之語勉人。賈誼亦以此勉人力爭上游。其勸學篇云：

舜何人也？我何人也？夫啟耳目，載心意，從立移徙，與我同性，而舜獨有賢聖之名，明君之實，而我曾無閭里之聞，寬徇之智者，獨何歟？然則舜僶勉而加志，我儃僈而弗省耳。

舜儃僈而加志，與人爲善，舍己從人，自耕稼陶漁至於爲帝，皆樂取於人以爲善，賈誼以是知人之良知良能皆可由儃僈加志而得其發展，能若是自省自勉，閭里之聞，寬徇之智，固人皆可得而有者。

二、社會教育

㈠端正風俗

賈誼認爲秦用商君之說，信刑賞，違禮義，棄倫理，導致人情淪喪，廉恥蕩然之社會風氣。時變篇云：

商君違禮義，棄倫理，并心於進取，行之二歲，秦俗日敗。秦人有子，家富子壯則出分，家貧子壯則出贅。假父耰鉏杖篲耳慮有德色矣；母取瓢椀箕箒，慮立訊語；抱哺其子，與公併踞；婦姑不相說，則反脣而睨。其慈子嗜利，而輕簡父母也，念罪非有倫理也，（其）不同禽獸僅焉耳。

漢初，風俗侈靡道德敗壞亦極可憂。時變篇云：

今俗侈靡，以出相驕，出倫踰等，以富過其事相競。今世貴空爵而賤良，俗靡而尊奸富。民不爲奸而貧，爲里母也；廉吏釋官，而歸爲邑笑；居官敢行奸而富，爲賢吏；家處者犯法爲利，爲材士。故兄勸其弟，父勸其子，則俗之邪，至於此矣。

又瑰瑋篇云：

世淫侈矣，飾知巧以相詐利者爲知士，敢犯法禁昧大奸者爲識理，故邪人務而日形，奸詐繁而不可止，罪人積下，衆多而無時已。

賈誼對於當時社會風氣重利輕義，寡廉鮮恥，不顧倫常，侈靡成風，深爲痛心，懼其動搖國本，造成社會之動盪不安，思有以弭之，故倡議「正俗」，「戒奢」，以爲砭救之方。

㈠行四維之教

賈誼認爲重整道德倫常，改風易俗，必須推行四維之教，使民向善，建立起人與人間之合理關係。如俗激篇云：

夫邪俗日長，民相然席於無廉醜，行義非循也，豈且爲人子背其父，爲人臣因忠於主哉？豈爲人弟欺其兄，爲人下因信其上哉？陛下雖有權柄事業。將何寄之？管子曰：「四維：一曰禮，二曰義，三曰廉，四曰恥，四維不張，國乃滅亡」，使管子愚無識人也，則可；使管子而少知治體，則是豈不可爲寒心！

賈誼以爲移風易俗，推行四維，不可僅靠刑法，更須仰賴於禮敎之推展，故云：

禮者禁於將然之前，而法者禁於已然之後，是故法之所用易見，而禮之所爲生難知也。若夫慶賞以勸善，刑罰以懲惡，先王執此之政，堅如金石，行此之令，信如四時，據此之公，無私如天地耳，豈顧不用哉？然而曰禮云禮云，貴絕惡於未萌，而起敎於微眇，使民日遷善遠罪而不自知也。（註四六）

推行禮敎之目的，乃在端正社會風俗。賈誼深以爲移風易俗，使天下人回心向道，乃教育最成功之明證。

三、太子教育

在君主專制政體下，國君之智愚不肖，影響國家安定人民福祉至大，而國君習性之培育，學識之養成，必須始於太子時期。賈誼先後曾任長沙王太傅及梁王太傅，由實際教育經驗中深刻體認到太子教育之重要性，曾謂：「天下之命，懸于太子，太子之善，在于早諭教與選左右，」並且主張太子教育須始於胎兒時期。

㈠太子教育之歷程

胎教之說，始於周代。大戴禮稱：「周后妊成王於身，立而不跛，坐而不左，獨處不倨，雖怒不詈」，又列女傳亦稱：「文王之母，及其有身，目不視惡色，耳不聽惡聲，口不出惡言」。周代太子出生後，須愼選褓姆，設置保傅，傅以德義，道以教訓。稍長進入國學受教，以涵養其德行，增益其智能。賈誼於陳政事疏中敍太子教育之歷程云：

昔者成王幼在襁抱之中，召公爲太保，周公爲太傅，太公爲太師。保，保其身體。傅，傅之德義。師，道之教訓。此三公之職也。於是爲置三少，皆上大夫也。曰少保、少傅、少師，是與太子宴者也。……逐去邪人，不使見惡行。於是皆選天下之端士，孝悌博聞有道術者，以翼衞之，使與太子居處出入。故太子迺生而見正事，聞正言，行正道，左右前後，皆正人也。……及太子既冠成人，免于保傅之嚴，則有記過之史，徹膳之宰，進善之旌，誹謗之木，敢諫之鼓。

瞽史誦詩，工誦箴諫（工，樂工也），大夫進謀，士傳民語。習與智長，故切而不媿。化與心成，故中道若性。……夫三代之所以長久者，以其輔翼太子有此具也。

胎教既具，太子始有成爲賢君之初基。設置保傅之外，太子更須進入國學，接受六藝教育，習得基本智能，與以「詩、書、易、春秋、禮、樂六者之術以爲大義。謂之六藝，令之緣之自修」（註四七）自修之功，如經由學禮、立學時釋奠先聖先師，養老、敬賓，特別是齒胄禮（太子與公卿子弟以年齡而不以身分尊卑），可使太子明瞭父子君臣之道，養成謙遜孝順之德，六藝俱習則仁義禮敬孝諸德兼備，始可爲國家慶幸，人民慶幸。

然而漢高祖起自平民，對太子教育不知重視，賈誼出，始爲漢朝長安久治計，爲實現儒家教育理論，乃建議重視太子教育，漢代帝王自此亦知太子教育之重要。後世議太子教育，其規範亦少有逾越誼之所述者。

㈢太子教育之方法

1胎教

胎教篇云：

古者胎教之道，王后有身，七月而就蔞室（大戴禮作宴室），太師持銅而御戶左，太宰持斗而御戶右，太卜持蓍龜而御堂下，諸官皆以其職御於門內。此三月者，王后所求音聲非禮樂，則太師撫樂而稱不習，所求滋味者非正味，則太宰荷斗而不敢煎調。而曰：「不敢以侍太子。」

太子生而泣，太師吹銅曰聲中某律，太宰曰滋味上某，太卜曰命云某，然後爲王太子懸弧之禮義。

禮記內則有待產之禮，惟不見胎教之說。然胎教之嚴至此。使聲音合禮樂，滋味合正味，此無他，蓋欲以嬰兒之健康純潔，成就日後之賢君。

2 太子蚤喻教

在我國君主專政體中，國君統領萬民，集政權於一身，國君之素質可決定政治之良窳。自夏代開創傳子不傳賢，家天下之格後，如何培養生長於深宮之中，不知憂患之太子，使其才德能合乎一定之標準，進而成爲能治理國政之明主賢君，遂成爲一重要課題。賈誼重視太子教育之理念由此而生，並認爲太子教育應自幼年開始，其保傅篇云：

古之王者，太子初生，固舉以禮，使士負之 有司齊肅端冕，見之南郊，見於天也。過闕則下，過廟則趨，孝子之道也。故自爲赤子，而教固以行矣。

賈誼以爲孩提之時，心靈未受外界感染，保有其純眞，易於教育且收效必宏，若待其長大，則心濫而不易見功效矣。俟太子漸長，教學則偏重智育。傅職篇云：

或稱春秋，而爲之聳善而抑惡，以革勸其心。教之禮，使知上下之則宜（據子彙本）；或爲之稱詩而廣道顯德，以馴明其志。教之樂，以疏其穢而塡其浮氣。教之語，使明於上世，而知先王之務明德於民也。教之故志，使知廢興者而戒愼焉。教之任術，使能紀萬官之職任，而知治化之儀。教之訓典，使知族類疏戚，而隱比馴焉。此所謂學太子以聖人之德者也。

又云：

或明惠施以道之忠；明長復（據盧本校改）以道之信；明度量以道之義；明等級以道之禮；明恭儉以道之孝；明敬戒以道之事；明慈愛以道之仁；明僩雅以道之文，明除害以道之武，明精直以道之罰，明正德以道之賞，明齊肅以道之敎，此所謂敎太子也。

教育之具體內容，賈誼共列舉春秋、禮、詩、音樂、古人格言、史志、統御術、訓典、並旁及惠施（施舍）、度量、等級、雍容閒雅等以爲教學之內容，太子受之，則忠、孝、仁、義、禮、信諸德兼備，他日正直精明，除暴安民之賢君，已育成於此日矣。

3. 愼選師保與重視學習環境

賈誼以爲環境能影響人之思想行爲，以及學習效果，不可輕忽，因此强調太子教育必須愼選師保，布置良好之學習環境，以增進教育效能。保傅篇云：

孩提有識，三公三少固明孝仁禮義以道習之，逐去邪人，不使見惡行。於是選天下之端士，孝弟博聞有道術者，以衞翼之，使與太子居處出入。故太子初生而見正事，聞正言，行正道，左右前後皆正人也。習與正人居之不能無不正也，猶生長楚地，不能不楚言也。故擇其所嗜，必先受業，乃得嘗之，擇其所樂，必先有習，乃能爲之。

又云：

若其服習積貫，則左右而已矣。夫胡、越之人，生而同聲，嗜慾不異，及其長而成俗也，累數譯而不能相通，行者有雖死而不相爲者，則教習然也。……夫教得而左右正，則太子正矣，太子正而天下定矣。書曰：「一人有慶，兆民賴之。」此時務也。

太子生於深宮之中，長於婦寺之手，其所取資、唯左右而已。若不布置適當環境，選擇正人端士爲其師友，則必漸習於淫靡邪僻之事而不自知。賈誼懼之，故特別注重環境教育及傅保人選，務求「左右前後，莫非賢人以輔相之，揔（據盧校改）威儀以先後之，攝體貌以左右之，制義行以宣翼之，章恭敬以監行之，勤勞以勸之，孝順以內之，敦篤以固之，忠信以發之，德言以揚之。」（註四八）此「非賢者不能行」，故重視選擇師保。

4. 努力與興趣之重視

太子貴爲儲君，動見瞻觀，其動靜云爲，舉手投足，常爲臣民之表率。而其學習成功與否，關係國之盛衰安危。故學爲儲君，不可不僶勉而加志，前已言之矣，惟僶勉不可不顧及興趣，僶勉而有興趣，則費時少而功效大，費力少而收穫多。保傅篇云：

擇其所嗜，必先受業，乃得嘗之，擇其所樂，必先有習，乃得爲之。

「嗜」與「樂」，卽興趣；「先受業」、「先有習」，乃因其舊經驗以引發興趣，可激起學習精神；「嘗」與「爲」，則意在學習。由此可知賈誼極重視努力之必須顧及興趣。

在專制皇權政體中，皇位繼承問題，影響最大，也最難解決，因爲皇位之獲得不憑德行才學，而決於天生不可改變之太子身分。太子教育自不可不特予重視。然設無賈誼，其誰使漢代帝王知此教育之重要並深明其詳盡方法？謂賈誼在我國皇族教育史上居重要地位，誰曰不宜？

【附註】

註一：大陸雜誌三十六卷四期。

註二：漢書卷四十八賈誼本傳。

註三：老子第四十二章。

註四：莊子大宗師篇。

註五：參見徐復觀、兩漢思想史卷二、一七〇頁。

註六：新書卷八道德說篇。

註七：老子取仁與不仁對待之義，謂道生德畜，道先德後、歸于「唯道論」之境界。老子之唯心，正同如佛之唯識。老子絕聖棄知者本此。

註八：此段頗多錯謬、本文係根據徐復觀先生，兩漢思想史卷二，一六五頁所校訂者。

註九：朱熹太極圖說解。

註一〇：新書卷九大政篇上。

註一一：新書卷六禮篇。

註一二：同註一一。

註一三：新書卷八道術篇。

註一四：新書卷十禮容語篇下。
註一五：參見徐復觀先生，兩漢思想史卷二，頁一三二。
註一六：參見牟宗三先生，歷史哲學，第四部，第一章蕭規曹隨，躬修玄默。
註一七：新書卷一等齊篇。
註一八：新書卷一數寧篇。
註一九：史記卷十七漢興以來諸侯年表。
註二〇：參見薩孟武先生，中國社會政治史，頁一四一—一四四。
註二一：新書卷一藩彊篇。
註二二　以上皆見於新書卷二五美篇。
註二三　新時代九卷七期頁二五。
註二四　管子校正，八觀，頁七四；治國，頁二六二。
註二五　新書卷九大政篇上。
註二六　新書卷三瑰瑋篇。
註二七　新書卷四無蓄篇。
註二八　漢書卷二四上食貨志。
註二九　同註二八。
註三〇　新書卷四無蓄篇。
註三一　同註三〇。
註三二　新書卷四鑄錢。

註三三　新書卷一過秦論上。

註三四　漢書卷九四上匈奴傳，是時漢初定，徙韓王信於代都馬邑。匈奴大攻圍馬邑，韓王信降匈奴，匈奴得信，因引兵南踰句注，攻太原，至晉陽下。高祖自將兵往擊之，至平城，冒頓縱精兵三十餘萬騎，圍高帝於白登七日，高祖乃使使間厚遺閼氏，閼氏乃謂冒頓曰，兩主不相困，今得漢地，單于終非能居之，冒頓乃開圍一角，於是高皇帝從解角直出，得與大軍合，而冒頓遂引兵去，漢亦引兵罷。

註三五　漢書卷四三劉敬傳：高帝罷平城歸，……當是時，冒頓單于兵強，控弦四〇萬騎，數苦北邊。上患之，問敬，敬曰天下初定，士卒罷於兵革，未可以武服也。……陛下誠能以嫡長公主妻單于，厚奉遺之，彼知漢女送厚，蠻夷必慕以爲閼氏，生子必爲太子，……冒頓在，因爲不壻，死，外孫爲單于，豈曾聞外孫與大父亢禮哉，可無戰以漸臣也。……高帝曰善：……取家人子爲公主，妻單于，使敬往結和親約。

註三六　漢書卷二惠帝記。

註三七　漢書卷九四下匈奴傳曰。

註三八　新語卷三八解縣篇。

註三九　註同三八。

註四〇　新語卷四匈奴篇。

註四一　漢書卷九四上匈奴傳。

註四二　漢書卷四八賈誼本傳。

註四三　傅樂成中國通史上冊頁一三五。

註四四　匈奴篇：「故三表已諭，五餌既明，則匈奴之中乖而相疑矣。使單于寢不聊寐，飯失其口，裨劍挾弓，而蹲穹廬之隅，左視右視，以爲盡仇也，彼其群臣，雖欲勿走，若虎在後，衆欲無來，恐或軒之，此謂勢然。」「其貴人之見單于，猶迂虎狼也，其南面而歸漢也，猶弱子之慕慈母也。其衆人之見將吏，猶噩迕仇讎也，南鄉而欲走漢，猶水流下也。將使單于無臣之使，無民之守，夫惡得不係頸稽顙，請歸陛下之義哉？」

註四五　新書卷五連語篇。

註四六　漢書卷四八賈誼本傳。

註四七　新書卷八六術篇。

註四八　新書卷五傅職篇。

第六章　賈誼之文學成就

賈誼乃漢初重要政論家及文學家，一生命運乖舛，仕途蹇滯，壯志未申，英年早逝，然其卓絕之才華，透過文學作品，散發出耀爍千古之光芒，在漢初文學發展上，實居重要地位。

賈誼之文學作品，爲辭賦與散文。在散文方面，擅長政論，縱橫論辯，自成一家，爲漢代政論之重要代表，非一般遊說之士漫言騁奇所能及。在辭賦方面，作品雖少，亦漢初辭賦發展之重要關鍵，其形式體制爲由荀卿短賦轉入漢賦之橋樑。內容則多感懷己身之蹇塞，藉以宣洩憤鬱之情。玆將此兩端分述以見。

第一節　賈誼之辭賦

一、內　容

據漢書藝文志詩賦略記載，賈誼有賦七篇，但未載賦名。今存賈誼辭賦僅五篇，卽弔屈原賦、鵩鳥賦、旱雲賦、惜誓、虡賦。其中弔屈原賦、鵩鳥賦並見於史記與漢書，旱雲賦及殘缺不全之虡賦見於古文苑，惜誓見於王逸楚辭章句，其中虡賦則僅存殘文，未見全豹。此五賦以弔屈原賦、旱雲賦及鵩鳥賦爲重要代表作。

㈠弔屈原賦

爲賈誼被貶謫時之作品。初，賈誼年少得志，想一展抱負，上陳政治改革要端，爲周勃，灌嬰等元老重臣所阻，流放邊遠低濕之長沙。路過湘江，傷心失望之餘，感屈原之忠貞，仍不免自沈汨羅，遂作賦以弔，實借他人酒杯，以澆自家塊壘也。

㈡鵩鳥賦

乃賈誼謫居長沙第三年所作。據漢書記載，賈誼爲長沙王傅三年，有鵩鳥入誼舍，止於坐隅。鵩似鴞，乃不祥之鳥。誼自謫居後，感前途之渺茫，見此益增傷悼，視爲壽命難長之兆，乃作賦以自喻。

㈢旱雲賦

誼負超世之才，年少得志，本冀見用於文帝，孰知竟爲絳灌等重臣所阻，世亦不得被其澤，故托旱雲以寄意，本忠君之誠，發憂時之論，爲經世詞章之典範。

㈣惜誓

惜，哀也；誓，信也，約也。惜誓旨意，有二說，一謂哀惜懷王與己信約而又背之（註一）。二、王夫之解為：「惜誓者，惜屈子之誓死而不知變計也。」（註二）此篇不見載於史漢賈誼本傳，是否為賈誼作品尚無定論，而存於王逸楚辭章句，王逸雖謂或云誼作，而疑不能明。獨洪興祖以為其間數語與弔屈原賦詞指略同，為誼作無疑。朱熹亦贊同其說，在集注中云：「今玩其辭，實亦瓌異奇偉，計非誼莫能及。」因有洪、朱二人之說，故仍暫錄為誼作。

㈤虡賦

虡乃懸掛鐘或磬之補助樂器，上有奇神怪獸之彫刻。虡賦卽為此而作。藝文類聚四十四卷載此賦中之「牧太平以深志，象巨獸之屈奇；妙雕文以刻鏤，舒循尾之采垂。舉其鋸牙以左右相指，負大鐘而欲飛」六句。初學記十六卷所載增出「載高角之峩峩。美哉爛兮！亦天地之大式」三句。太平御覽五百八十二卷亦引「攖擊拳以嵺𧈢」一句。皆片言隻句，難窺全豹，資料價值較低。據此片斷文字，知其對鳥獸之描寫，已栩栩如生，且文詞華麗，亦可想見此賦之寫作技巧矣。

二、風格

漢初辭賦有兩類：一為抒情感懷，一為敍事詠物。賈誼之辭賦，兼而有之。其哀悼賦，如弔屈原賦與惜誓，以抒情為主；其詠物賦，如鵩鳥、旱雲與虡賦，以說理為主。賈誼高瞻遠矚，才氣縱橫，無奈時運不濟，抱負莫展，乃將抑鬱不平之氣，人世虛幻之感，傾注於其辭賦，處處顯示其獨立之個性，與豐富之情感，此絕非後人模擬造作、虛辭堆叠，為文造情之作所能比擬。

玆將其較可信，較完整之弔屈原賦、鵩鳥賦二篇論述於後。

弔屈賦起筆即云：

恭承嘉惠兮，俟罪長沙，側聞屈原，自沈汨羅。造托湘流兮，敬弔先生；遭世罔極兮，乃隕厥身。嗚呼哀哉兮，逢時不祥。

所謂「逢時不祥」，已人已雙關。「讒人高張，賢士無名」之憤，乃順此宣洩。

世謂伯夷貪兮，謂盜跖廉；莫邪爲鈍兮，鉛刀爲銛。于嗟嚜嚜兮，生之無故；斡棄周鼎兮寶康瓠。騰駕罷牛兮驂蹇驢，驥垂兩耳兮服鹽車。章甫薦屨兮漸不可久。

此義在屈原作品中已反覆言之，然賈誼寫來却辭調急促，憤慨激越之情，非二三言所能洩，久久不自平。後人嘗譏漢賦堆疊詞藻，妄文矯情，然觀此段文字，則繁藻何曾損情，若非絕世才華，如何能有此風格氣勢。此後賈誼又表現其不妥協之精神：

襲九淵之神龍兮，沕深潛以自珍，偭蟂獺以隱處兮，夫豈從蝦與蛭螾。所貴聖人之神德兮，遠濁世而自藏。使騏驥可得係而羈兮，豈云異夫犬羊。

賈誼畢竟不欲受係受羈，所以值流放之際，唯有自我解嘲以遣懷。

彼尋尚之汙瀆兮，豈容吞舟之魚？橫江湖之鱣鯨兮，固將制于螻蟻。

此賦無論爲自弔，爲憤世，賈誼皆已傾入自家憤鬱之氣，翻覆吞吐，使此賦盪氣迴腸，誰能說辭賦不足以動人？

鵩鳥賦則呈現賈誼在辭賦創作上之另一種風格。此爲作者謫居時哀傷情緒之自我排遣，借鵩鳥之擬人化，抒「萬物變化」之理，明禍福榮辱皆不足介意，實則情非得已，此豈有志用世者之初衷？

萬物變化兮，固無休息。斡流而遷兮，或推而還。形氣轉續兮，化變而嬗。沕穆無窮兮，胡可勝言？禍兮福所倚，福兮禍所伏，憂喜聚門兮，吉凶同域。

此文之外貌雖似楚辭，實近荀賦。如以漢志所載四字爲句，抹去兮字，又與荀賦何異？全篇組織採用問答體，將鵩鳥擬人化，乃益增其生動。

請問于服兮：「予去何之？吉乎告我，凶言其菑。淹數之度兮，語予其期！」服乃歎息，舉首奮翼，口不能言，請對以意。

此篇於韵律流動中，滿溢道家感悟人生虛幻，禍福無常之人生觀，顯然爲一說理之賦。

綜觀以上兩賦，可看出賈誼辭賦之形式風格：弔屈原賦承楚騷體，鵩鳥賦則是從荀賦說理體裁漸變而來。至於作品中所表達之風格情致，也因賈生之遭遇及情感而有不同之面貌。弔屈原賦中，壯志鬱鬱，憤慨不已，故辭調激切，扣人心弦，有不盡之哀傷，翻騰於文辭間，驟成風雨交錯，波濤暗湧。而鵩鳥賦則已是壯志沉落，悲感生命之虛耗，從憤鬱轉爲消極，於是轉托於虛玄之黃老思想，所以辭調較沉緩；又頻出疑問，文意由憤激轉化爲灰黯，未能尋出恬淡平和之居止之所，終趨於自傷其無助。

賈誼辭賦作品之形式風格，皆與文學體裁之發展，及自身遭遇有關，其才華受此二者激發，貫注於辭賦，乃有此不得不爾之作。

三、修辭技巧

辭賦之文字詞句，無論其爲刻意雕琢，抑自然成章，技巧上之成就，皆極精美雅緻，宛若珍寶古玩。或謂辭賦講求對仗排偶，有礙說理抒情。實則此亦語言發展中之自然趨向。文心雕龍麗辭篇云：

造化賦形，支體必雙，神理爲用，事不孤立，夫心生文辭，運裁百慮，高下相須，自然成對。

更何況出自大家手筆，情致極備，翰藻麗辭，更添顏色。故修辭造句，雖似小道，實辭賦之骨節血肉，絕不可輕忽。

賈誼旱雲賦，乃托旱雲久不雨，以明小人當道，阻塞清明之途，全篇似詠物而實托意，玆就此篇以析賈誼辭賦之布局。賦之首句：

惟昊天之大旱兮，失精和之正理。

揭示全篇小人據要津，朝廷失正和之氣。以下全賦寫白雲之變化萬狀，極盡才思之妙。如寫白雲混沌擁積，似積蔽厚而莫通云：

遙望白雲之蓬勃兮，滃滃澹澹而妄止，運清濁之澒洞兮，正重沓而並起。

以「滃滃澹澹」疊詞描寫白雲之蓬勃，引出下句雲氣清濁，混擾重沓之象，白雲渾厚滯留之狀，亦極鮮明。然雲氣之變化，豈止渾厚一端而已，其千變萬化，似不可捉摸，作者比擬之，誇飾之，其不已之變，駭人心目，諷刺之意，亦存其中。如：

嵬隆崇以崔巍兮，時彷彿而有似，屈卷輪而中天兮，象虎鷙與龍駭……若飛翔之從橫兮，楊波怒而澎濞，正雲布而雷動兮，相擊衝而破碎。

用虎龍比擬雲之舒卷駭變，崔嵬象徵雲之深鬱險峻，若波濤之怒吼澎湃，極盡變化之能事，其譏刺權臣當道之意，豈待另作說明？

文心雕龍論及比興夸飾曰：

詩人比興，觸物圓覽，物雖胡越，合則肝膽，擬容取心，斷辭必敢，攢雜詠歌，如川之渙。

夸飾之用，文豈循檢，言必鵬運，氣靡鴻漸，倒海探珠，傾崐取琰，曠而不溢，奢而無玷。

若賈誼旱雲賦，可謂二者備至矣。

現再就賈誼之作品，略舉其善用修辭技巧之例：

㈠誇飾

建日月以爲蓋兮，載玉女於後車，馳騖於杳冥之中兮，休息虖崑崙之墟。（註三）

此蓋極力誇述其所處之高，所至之遠。

㈡譬喻

且夫天地爲鑪，造化爲工，陰陽爲炭，萬物爲銅。（註四）

此無異大者小之，虛者實之而以之爲喻。

㈢襯逼

黃鵠神龍猶如此兮，況賢者之逢亂世哉。（註五）

此爲以黃鵠神龍襯逼賢者。

㈣對比

小智自私兮，賤彼貴我，達人大觀兮，物亡不可，貪夫徇財，烈士徇名。（註六）

此爲用對比以顯達人與烈士。

㈤設問

忽然爲人，何足控揣？化爲異物，又何足患？（註七）

此爲用問句以促使讀者自作與己意相同之判斷。

㈥疊詞

壽冉冉而日衰兮，固儃回而不息。

惜余年老而日衰兮，歲忽忽而不返。（註八）

此爲用疊詞以使動象可感。

㈦對偶

蒼龍蚴虬於左驂，白虎騁而爲右騑。（註九）

此爲用對偶以寫驂騑之並馳。

㈧排句

悲疆畔之遭禍，痛皇天之靡惠。（註一〇）

此為以排句分述悲痛之果與因並並置之。

㈨倒裝

吸沆瀣以充虛，飛朱鳥使先驅。（註一一）

此為用倒裝使讀者先獲具體之意象。

由于賈誼運用各種修辭方法以組句成文，將豐富之內容生動地表達出來，所以辭賦呈現出多樣面貌與情致。明黃寶在賈子新書序中形容其作品云：「如雲霞卷舒，出沒掩靄，千態萬狀，而莫可名言也。」誠為中肯之論。

四、作品價值及成就

文心雕龍詮賦篇云：

賦也者，受命於詩人，拓宇於楚辭也。

章學誠校讎通義：

古之賦家者流，原本詩、騷，出入戰國諸子；假設問對，莊列寓言之遺也，恢廓聲勢，蘇、張縱橫之體也；排比諧隱，韓非儲說之屬也，徵材聚事，呂覽敘輯之義也。雖其文逐聲韻，旨存比興，而深探本原，實能自成一子之學。

辭賦就在此兩者交互之影響下，逐漸成形。到漢一統天下，時局改變，社會得到長治久安，捭闔縱橫已無所施，於是一般文人學士乃移其簡練言辭之心力，轉而用於雕琢辭藻，歌頌太平盛德，此辭賦之所以特盛於兩漢也。

漢書藝文志詩賦略，因漢賦風格之不同，而分四類：

㈠屈原類—除唐勒、宋玉外，以莊忌、賈誼、司馬相如、淮南王、劉向、王褒等屬之，共二十家，凡賦三百六十一篇。

㈡陸賈類—以枚皐、朱建、朱買臣、嚴助、司馬遷、揚雄屬之，共二十一家，凡賦二百七十四篇。

㈢孫卿類—以李思、李忠、張偃、賈充等屬之，共二十五家，凡賦一百三十六篇。

㈣雜賦類—以客主賦爲首：成相雜辭，隱書等屬之，共十二家，凡賦二百三十三篇。

如此分類，以何爲準，班氏未作說明。班氏以賈誼賦歸屬於屈原類，或因賈誼之生平遭遇與屈原相似，又有弔屈原賦以自況之故。然賈誼之另一作品鵩鳥賦則不相類，其文體內容皆承荀賦一脈，不類楚騷，則以賈誼之賦隸屬屈原類，似不無疑問。

漢初混一天下於大動亂後，在政治上形成統一局面，在文學體裁及技巧上，亦逐漸有融合之現象產生。其時辭賦家承襲前代楚騷、荀賦兩大系統，透過自己才思經營，較具有原來騷賦二系創作時之情感與技巧，缺少漢賦全盛期那種大肆誇張之華麗辭藻及模擬風格，也因此常見作者本身才思之敏捷與氣度之雄渾，賈誼即此具有創造兼融合性格之辭賦家，在漢賦發展上，居承先啟後之地位。劉勰文心雕龍詮賦篇云：

漢初詞人，順流而下，陸賈扣其端，賈誼振其緒。

陳柱中國散文史則推賈誼爲漢賦開山祖師：

至漢之賈誼，擅長奏疏，而不得行其志，始爲賦以弔屈原，又傷壽不得長，爲鵩鳥賦，是爲漢代辭賦開山之大家。

劉大杰增訂本中國文學發展史，對賈誼之辭賦更是讚譽有加：

他所缺少的是漢賦中那種華麗的辭藻與誇張的形式，但他在漢賦的發展史上，卻占有重要的地位。他纔是荀子賦篇的承繼者，楚辭的轉變者，也就是漢賦的先聲。……這些作品在漢賦中是比較有價值，比較有生命的。

由此可知，如將賈誼作品歸入任何一類，實無多大意義，蓋其作品之眞正價值，在於能將個人風格，融會表現於辭賦體中，產生一種文學體裁發展之前導作用。此一成就實應歸功於賈誼本身之才略。劉勰文心雕龍物色篇云：

詩人感物，聯類不窮，流連萬象之際，沈吟視聽之區，寫氣圖貌，既隨物以宛轉，屬采附聲，亦與心而徘徊。

賈誼承繼屈原之遺韻，又糅合荀卿說理詠物之風格，一變楚辭而爲情理兼勝之賦，其作品雖爲數不多，卻能奠定賈誼在漢代辭賦發展上不朽之地位。

第二節　賈誼之散文

賈誼亦漢初之散文大家，長於奏疏及論理，其過秦論探討秦政之弊，與夫秦室興亡之由，藉以諷諭時政，發表個人政治主張，以及其他收錄於「新書」及「賈長沙集」中之文章，皆足以窺見賈誼散文之精華。

一、內容

宋胡价賈太傅新書跋云：

誼自長沙召對宣室，文帝嘉之。已乃數上疏論政事，危言讜論，卓詭切至，若衆建諸侯，益廣梁地，養大臣有節，崇廉恥之風，後皆遵之有效，一一如誼所言，則誼之謀謨論建，誠有大過人者，劉向謂爲通達國體，伊、管不能過，其亦美矣。

據此可見其散文皆爲「直抒政見」之作。又據明正德九年長沙刋本與程榮校本，皆曾依新書之內容性質，於每一篇題之下，標擧其類別；有事勢類，連語類，雜事類。大體言之，屬事勢類者，皆陳政事而作，屬連語類者，不外爲天子說禮並與門人講學之語，而屬雜事類者，則是「平日所述誦說」

之雜記文學。由於新書卷帙繁多，不能一一說明。如就其重要者言，則有談崇禮者，如：

道德仁義非禮不成，教訓正俗非禮不備，分爭辯訟非禮不決，君臣上下父子兄弟非禮不定……禮者所以固國家定社稷，使君勿失其民者也，主臣禮之正也，威德在君，禮之分也，尊卑大小，强弱有位，禮之數也。（註一二）

有談天志者，如：

天有常福，必與有德，天有常菑，必與奪民。（註一三）

有談道術者，如：

道者，所從接物也，其本者謂之虛，其末者謂之術。虛者言其精微也，平素而無設施也，術也者，所以從制物也，動靜之數也，凡此皆道也。（註一四）

道者德之本也。物所道始謂之道，所得以謂之德，德之有也，以道爲本。（註一五）

有談尊君者，如：

人主之尊，辟無堂陛……天子如堂，群臣如陛，衆庶如地，此其辟也。……故古者聖王制爲列等，內有公卿士大夫，外有公侯伯子男，然後有官師大吏，施及庶人，等級分明，而天子加焉，故其尊不可及也。（註一六）

有談禮臣者，如

故民之治亂在於吏，國之安危在於政，是以明君在於政也，愼之；於吏也，選之，然後國興也。

（註一七）

有談愛民者，如：

夫民者萬世之本也，不可欺。凡居於上者，簡士苦民者是謂愚，敬士愛民者是爲智。（註一八）

有談削藩者，如：

竊迹前事，大抵强者先反，淮陰王楚最强，則最先反；韓王信倚胡，則又反……長沙乃才二萬五千戶耳，力不足以行逆，則功少而最完，勢疏而最忠，全骨肉，時長沙無故者。（註一九）

有談攘夷者，如：

天下之勢方倒縣……天子者，天下之首也，何也，上也。蠻夷者，天下之足也，何也，下也。蠻夷徵令，是主上之操也；天子共貢，是臣下之禮也，足反居上，首顧居下，是倒縣之勢。（註二〇）

有談勸農者，如：

生之者甚少，而靡之者甚衆，天下之勢，何以不危？漢之爲漢幾四十歲矣，公私之積，猶可哀痛也。故失時不雨，民且狼顧矣。歲惡不入，請賣爵鬻子，既或聞矣。（註二一）

有談勸學者，如：

胡越之人，生而同聲，嗜慾不異，及其長而成俗也，累數譯而不能相通，行有雖死而不相爲者，則習然也。（註二二）

賈誼新書五十八篇，除治安策等各篇經史漢采錄，久爲世人所傳誦外，其餘諸篇如論政事、談愛民、主尊君、倡攘夷、述禮教、釋道術、勸農耕、喻教太子及過秦論等皆爲獨到典要，卓然成一家之言。其文藻雄勁粲然可觀，有一代宗匠之風。

二、風格

漢初去戰國未遠，百事皆爲承繼彼時風格發展而成。散文亦然，多與政治問題有關，所論常以儒家思想爲據，行文則多策士之風。賈誼爲文論述，亦以儒家政治思想爲本，惟縱橫捭闔稍有異於戰國策士者。如張仁青先生中國駢文發展史云：

賈誼之新書，治安策、過秦論等，皆由戰國之凌厲馳騁變而爲溫厚爾雅。

鄭振鐸插圖本中國文學史謂：

他的散文議論暢達而辭勢雄勁，審度天下政治形勢也極洞澈明瞭，但已不復戰國時代狂飈烈火似的偉觀壯彩了。

這些不同，多爲個性及時代環境之影響融合而成，取策士之長而去其短，儒家剛健有力之政治主張盈溢於中，乃如洶湧海波中之定海針，不致恣肆流離，無所歸着。

明黃寶賈子新書序云：

故正言竑議，卓卓乎其奇偉，悠悠乎其深長，鑿鑿乎其有援據，如江河澋瀉，而莫測其涯也；如風霆變化，而莫見其迹也；如雲霞卷舒，出沒晻靄，千態萬狀而莫可名言也。

此卽劉勰文心雕龍體性篇所云：

賈生俊發，故文潔而體清。

又才略篇云：

賈誼才穎，陵軼飛兔，議愜而賦清。

賈文之「俊發」而又「議愜」，實以策士文風及儒家政論爲基礎，極具實用性，如治安策，過秦論等，皆不似辭賦之爲表達情感而崇尚鋪張雕鏤，反因切近時事而具陽剛之美，其審度天下政局，透澈明白，議論暢達，氣勢雄偉，已充分顯示有獨到之政見，有捷勁飛揚之才思。

三、謀篇布局

漢初議政散文，氣勢雄偉，論事透澈，固與策士之風有關，然其謀篇布局之謹嚴詳愼，首尾呼應，節奏抑揚，亦足提高此種散文之價值。

賈誼之文在謀篇布局上，更爲難得一見之巨構，能將諸多疑難糾結處，敍述得淋漓盡致，尤長於運用先總綱後條分之方式組織思想材料，以收綱擧目張之效，其代表作品是陳政事疏（卽治安策），此類疏策，必須先振其綱，使君主明其大要，然後再逐條分析，詳其細節。所以陳政事疏一開始卽以數語總括全文之意，如：

臣竊惟事勢可爲痛哭者一，可爲流涕者二，可爲長太息者六。若其它背理而傷道者，難徧以疏學。

其後卽據此析爲三部分，由「進言者皆曰」至「可爲痛哭者此痛是也」，敍述可爲痛哭之事及肆應之策：諸王分封，對朝廷所造成之隱憂，必須强幹弱枝，分地削封。其中一部份已包括新書之數寧、藩傷、宗首、親疎危亂、制不定、藩彊、五美、大都等八文要旨。其次以「天下之勢方倒懸」至「威令不行，可爲流涕者此也」，敍明可爲流涕之二事，漢帝受制於夷狄與匈奴侵邊之患。此第二部已包括新書之解縣、威不信、匈奴、勢卑等四文。其三以「今民賣僮者」至「故曰可爲長太息者此也」詳述修禮義，立上下之序及太子教育問題。此第三部份則包括新書之孽產子、時變、俗激、保傅、階級及大戴記之禮察等六篇，言事條理分明，結構謹嚴，已可見其包容廣濶詳盡之功。

賈誼又有先條分後總括歸納之法，如過秦論之先敍秦能强之各種條件及其得天下之由，最後又據已述之事抽絲剝繭，勾出失敗之因素。此文共分五段，一段自篇首至「於是秦人拱手而取西河之外」，敍秦强盛之始，二段自「孝公旣沒」至「弱國入朝」，敍秦强之漸，三段自「延及孝文王」至「子孫帝王萬世之業也」敍秦强之最，四段自「始皇旣沒」至「遂並起而亡秦族矣」，敍秦敗之速，最後五段自「且夫天下非小弱也」迄全文之終，敍秦敗之因——「仁義不施，而攻守之勢異也」。

清林雲銘古文析義對此文評云：

秦之過，止在結語「仁義不施，而攻守之異」二句，通篇全不提破，千迴萬轉之後，方徐徐說出便住，從來古文無此作法。尤妙在論秦之强處，重重疊疊，說了無數，纔轉入陳涉，又將陳涉之弱處，重重疊疊，說了無數，再轉入六國，然後以秦之能攻不能守處，作一問難，逭出正意。段段看來，都是水窮山盡之際，得絕處逢生之妙，此等筆力，卽求之漢中，亦不易得也。

由此觀之，賈誼散文之謀篇布局，不但為西漢文之奇葩，亦為中國散文之宏範。玆將其遣詞造句之修飾方法，分述於下：

㈠譬喻

夫抱火厝之積薪之下，而寢其上，火未及燃謂之安，方今之勢，何以異此。（註二三）

此喻雖出於編造，不合常情，說明之力卻顯明而强盛，如非用喻不為眞實常情所限，焉能致此？

㈡設問

陛下何不一令臣得熟數之於前，因陳治安之策，誠詳擇焉。（註二四）

直敍句難有此設問句之兩種作用：引發興趣及簡示論旨。

㈢對偶

本末乖舛，首尾衡決。（註二五）

此句中兩種理論之錯誤，如不用對偶句，焉能說得如此明白精簡？

㈣層疊

夫民至卑也，使之取吏焉，必取而愛焉，故十人愛之有歸，則十人之吏也；百人愛之有歸，則百

人之吏也；千人愛之有歸，則千人之吏也；萬人愛之有歸，則萬人之吏也，故萬人之吏，選卿相焉。（註二六）

如非如此運用層疊，焉能加深吏皆選之於民之印象及如此選吏之可取。

㈤映襯

湯武之定取舍審，而秦王之定，舍取不審矣。（註二七）

此爲以湯武映襯秦王，可益彰秦王之失。

㈥借代

天下之勢，方病大瘇，一脛之大幾如要，一指之大，幾如股。（註二八）

脛與指皆爲比喻，復借之以代天下之小病，要股則代病情之嚴重。

㈦排句

擇其所嗜，必先受業，迺得嘗之，擇其所樂，必先有習，迺得爲之。（註二九）

此蓋利用排句句式相同之影響力，以之加强各句之重要性。

四、作品價值及成就

賈誼之散文與辭賦所不同處，在其所表達者爲政治思想，而非個人情感，其內容多爲現實問題之討論，又援用戰國以來策士文風而略變之，創造出一代散文之新體裁、新風格，樹立起議論性散文之龐大規模。顧實中國文學史大綱譽之云：

漢初，論策家之偉傑，洛陽少年賈誼第一。

此非過譽之辭。而其謀篇之嚴謹，修詞之得體，已使散文提昇其創作層次。自誼以後，此類散文接踵而起，皆以切中時弊，直抒政見見長。而鼂錯、桓寬、王符、崔實及仲長統等人，皆爲此道之佼佼者。王鏊震澤長語中推崇誼爲「政事文宗」，誼確可當之無愧。

容肇祖中國文學史大綱云：「賈誼是漢初跼著楚辭與上書（卽策論）兩體文學的頂點的一人，兼爲兩種文學的巨子。」從上面賈誼辭賦及策議散文作品之析述中，吾人不難發現，此乃不移之事實。再者賈誼之辭賦與散文作品，彼此間亦有相通之處。先秦時代，駢散二體無明顯區分，文中常駢散兼具，誼之散文亦然，其書疏落筆之際，每不免有辭賦之跡存於其間，阮元四六叢話後敍云？

賈誼枚叔，並轡漢初……綜合兩京文賦諸家，莫不洞穴經史，鑽研六書，耀采騰文，駢音麗字。

又西漢散文，爲李兆洛駢體文鈔所選者，卽有賈誼過秦論。因此賈誼在漢初不僅有使二體分流確立之價值，又有使辭賦與散文結合之功。

【附註】

註一　王逸楚辭章句、惜誓序。

註二　王夫之楚辭通釋、卷一一。

註三　賈長沙集、惜誓。
註四　賈長沙集、鵩鳥賦。
註五　同註三。
註六　同註四。
註七　同註四。
註八　同註三。
註九　同註四。
註一〇　賈長沙集、弔屈原賦。
註一一　同註三。
註一二　新書卷六禮篇。
註一三　新書卷九大政篇上。
註一四　新書卷八道術篇。
註一五　新書卷八道德說篇。
註一六　新書卷二階級篇。
註一七　新書卷九大政篇下。
註一八　同註一三。
註一九　新書卷一藩強篇。
註二〇　新書卷三解縣篇。
註二一　新書卷四無蓄篇。

註二二　新書卷五保傅篇。
註二三　賈長沙集、論時政疏。
註二四　同註二三。
註二五　同註二三。
註二六　同註一七。
註二七　同註二三。
註二八　同註二三。
註二九　同註二三。
註三〇　賈長沙集諫鑄錢疏。

第七章 結論

賈誼，經世之奇才，通諸子百家，明經術，諳治道，長辭賦。學歸本儒家，兼采管晏申商之術，補儒道之不足。論政事，經國體遠，洞察機先，其創畫革新皆切中時弊。劉向讚之「通達國體，古之伊管，未能遠過。」惜其英年早逝，未見所創諸制之實施，然兩漢制度之革新，卻不能不以誼之計畫爲藍本。

世人論賈誼者，多惜其懷才不遇，譏其識見不足，志大量小。以予觀之，此皆非公允之見，玆分別論之：

就懷才不遇言，遇有二解：一爲所遇之境，二爲所遇之人。賈誼所遇之境爲當時元老重臣如周勃、灌嬰等之阻撓，此境確已使誼難展其才。然不可因此一端卽斷言誼懷才不遇，蓋文帝深喜其才識過人，一歲之中，屢爲不次之擢，暫挫其鋒芒於元老重臣之前，實欲富其歷練，俾成大器，留爲後日之用，世之遇於明君如誼者能有幾人，豈可竟以其曾受阻於周灌輩，卽謂爲懷才不遇，是不亦厚誣誼之所遇乎？

次就賈誼識見之足與不足言，誼對周灌輩應如何因應之識見容或不足，對針砭時人之誤謬卻有其眞知卓見，焉得以是卽謂誼之識見不足？況識見更有對國事之識見，如誼治安策中所論之精闢，此識見又豈是他人之所能及？

至於賈誼之量，亦當分兩端察之，就其對蹇塞困窘之容量言，確有不足，然就其知識之廣博，治儒道法及陰陽於一爐，卽不得斥爲量小，論量當從人之大處、遠處著眼，不當僅就其小者置評。賈誼感於漢初執政者思想之封閉，黃老治術盛行，政治制度，因襲亡秦，乃思改革創制：唱導改正朔，易服色，定官名，興禮樂；揭示「政以民爲本，治莫大於仁。」（註一）之大纛；主張行仁政，惜民力，尙賢任能，選吏由民，禮遇大臣，愼審刑罰，一切治化歸之於禮。賈誼闡揚仁義德教，採擷法家精華，奠定漢代儒法並行之穩固政體。其志氣之高，就賈誼之時代言，實已一時無二，量之小者若是乎？

請更觀賈誼之學識淵源，其儒家之學養見於上述者已不可謂爲不深。而道家之學，賈誼用之於已，則曰「眞人澹澹兮，獨與善息，釋知遺形兮，超然自喪，寥廓忽荒兮，與道翺翔。」（註二）用之於政，則曰：「平靜而處，令名自宣，命物自定，如鑑之應，如衡之稱，有釁和之，有端隨之；鞠其極而以當施之。」（註三）雖在政治上未能不尙賢，與老子思想當有一間之隔，然其於道家之所得，亦不可謂爲不深。法家之學，則因受吳公之薰陶，在法制未定，諸侯多有異心之時，主張「衆建諸侯」，逐漸削弱其地盤之妙計，亦創自賈誼，並提出「慶賞」「刑罰」爲法之骨幹，更重視爲國應「觀之上古，驗之當世，參之人事，察盛衰之理，審權勢之宜，去就有序，變化應時。」（註四）宜乎賈誼所創之涉及政治、經濟、國防、社會諸新制，於兩漢制度之革新、影響殊大，以下試分別言之。

先言政治：漢初尙黃老之治，賈誼則變之爲儒法並用之政治，於儒家，取其尊君、尙賢、選吏；於法家，取其權勢、法制、賞罰，實皆以愛民爲依歸。尊君則倫紀在而亂無由生；尙賢則民爲之化而趨於善；選吏則好民之所好，致使政事通達。此數者固皆與黃老之治相背，君尊權足則群臣不敢爲非；法立制定則無背叛誅伐之事；慶賞刑罰則足以勸善懲惡，補儒道二家約制力之不足，此外更主張衆建諸侯而削塞亂源。景帝、武帝時所行之政治制度與法令，多未能外於賈氏此一規畫。

次談經濟：賈誼主張禁鑄私幣，鼓勵積蓄，重農抑商。禁鑄私幣則可穩定金融，恢復已失之政府威信，不再懸法以誘人入罪；鼓勵積蓄則可戒止浪費，匡正風俗；重農抑商，則可增加生產，厚民之積以備不時之需，且可禁止商人坐享厚利，根除商人佚樂奢侈之風。有此諸利，欲文帝之不開籍田，不躬耕以勸百姓，晁錯、董仲舒之不取重農政策，亦有其不可得者矣。

再說國防，賈誼主張設置理邊專官、勤講武事，以夷制夷，開關市，移民實邊，並以三表五餌，對匈奴利誘與德柔兼施，文帝固已心許其說；景帝、武帝更有典屬國之設置、邊防財源之籌措、及通西域以斷匈奴右臂之策。此後之匈奴內附，漢室納之，豈非即三表五餌，以夷制夷之策之成功？

再看社會，賈誼不只鼓勵積蓄，抑制商人二策取得漢帝採用，嚴戒浪費，興張四維，匡正習俗，消弭佚樂之風，且其重視儒家之仁愛，活用五經六藝之學，不尙空談之務實作風，亦已於崇尙黃老之漢代，留得儒家一脈根基；而誼之重視太子教育，及主張禮遇大臣均見諸實施，治國者才德之提高，氣節之培植亦有賴焉。

世之論及賈誼者，多盛稱其辭賦散文，或讚其辭賦實承屈宋而開枚馬，或許其散文議論暢達，辭勢雄勁，爲趙宋萬言書之先河。實則，誼之才識既足以知其時之癥結，定其治之體制，見遠思深，文學之璀璨，僅此才識之餘事耳。設誼不於三十有三之年悲慟愈分而殞折，必已得文帝之重用，豈復能惜其懷才不遇，譏其識見不足，志大量小耶？而其成就必博大深遠，又豈止本文所述之影響而已矣！

【附　註】

註　一　新書卷九大政篇上。

註　二　賈長沙集鵩鳥賦。

註　三　新書卷八道術篇。

註　四　漢書卷四十八賈誼本傳

主要參考書目

一、專著

賈子十卷	明李夢陽校	明正德八年刻本
新書十卷	明陸相校	明正德九年刻本
補刻賈子新書十卷		明正德九年陸氏長沙刊本
新書十卷	明陸相校	明正德十年吉府重刻本
賈太傅新書十卷	明何孟春訂註	明正德十四年滇刊本
賈子二卷	潛菴子校	明萬曆五年南京國子監刊「子彙」本
賈子十卷		明萬曆十年餘姚胡維新刊本
新書十卷附錄一卷		明萬曆二十年程榮刊「漢魏叢書」本
新書十卷附錄一卷	明黃甫隆、唐琳訂	明末仁和朱圖隆刊本
賈子新書十卷		明烏絲欄鈔本
賈子新書點校十卷		日本寬延二年刊本

新書批點十卷		明末朱圖龍刋本
新書十卷	清盧文弨朱筆手校本	
	清盧文弨校	中華書局四部備要本
賈誼新書	清盧文弨校定重刻本	藝文印書館影印
手校新書十卷	清黃廷鑑手校本	清嘉慶九年黃廷鑑手校本
賈子次詁附賈子年表	清王耕心校本	清王耕心王氏編校本
新　書		清光緒紀元夏月湖北崇文書局刻本 古今文化出版社影印
賈長沙集		明崇禎間太倉張溥編本
賈長沙集		明刋黑口九行本
賈子治要	唐魏　徵	商務四部叢刋本
賈誼新書要語	唐馬　總	商務四部叢刋本
賈子新書札迻	清孫詒讓	世界書局印行本
賈子平議補錄	清俞樾	商務印書館印行本
賈子新書斠補	劉師培	劉申叔先生遺書本
賈子春秋補釋	劉師培	劉申叔先生遺書本
賈誼研究	陳煒良、陳炳良等	香港求精印務公司排印本

賈子探微　祁玉章　台北文滙印刷廠排印本
賈子新書校釋　祁玉章　中國文化雜誌社排印本
中國歷代思想家—賈誼　王師更生　商務印書館排印本
賈誼研究　吳美慧　台大中文研究所碩士論文
賈誼研究　蔡尚志　政大中文研究所碩士論文

二、論文

賈誼思想的分析　姚璋　光華大學半月刊一卷二期
新書辨證　余嘉錫　國學叢編一期第六册(古史辨第四册)
賈誼過秦論分篇考　孫欽善　文史三期
青年政論家賈誼　蔣君章　幼獅學報四卷二期
論賈誼　牟宗三　人生二十三卷一期
賈誼的政治思想和政策　賀凌虛　思與言四卷四期
論賈誼的學術並及其前後的學者　戴君仁　大陸雜誌三十六卷四期
賈誼思想的再發現　徐復觀　大陸雜誌五十一卷三期
賈誼「衆建」政策之思想背景　孫會文　新時代九卷六、七期
賈誼思想之研究　馮濟灝　史化第三期

賈子道術篇述義	孫德宣	經世日報讀書週一三期
讀賈誼新書札記	陶小石	制言四十六期
與施之勉先生論賈誼鵩賦「單閼之歲」	高平子	大陸雜誌十二卷一期
惜誓考	楊胤宗	建設十一卷八期
賈誼弔屈原賦箋評	楊胤宗	人生二十六卷四期
賈誼和鼂錯的政治思想	黃師錦鋐	東海大學報十八卷
賈誼學述三編	王師更生	林尹先生六秩誕辰論文集本
賈誼春秋左氏承傳考	王師更生	孔孟學報三十五卷
救世愛國的少年賈誼	王師更生	中華文化復興月刊十三卷八期
賈誼論	賴福順	簡牘學報八期
賈誼及其作品析論	陳滿銘	國文學報九期
讀賈誼思想的再發現	施之勉	大陸雜誌五十二卷一期
西漢的幾個政治集團	傅樂成	傅故校長斯年先生紀念論文集
漢初的政治和先秦學術思想的關係	戴君仁	廣文月刊一卷一期
漢武帝抑黜百家非自董仲舒	戴君仁	孔孟學報十六期
秦漢的儒	沈剛伯	大陸雜誌三十八卷九期

西漢之孔學(二)　黃師錦鋐　淡江學報第四期
漢初無爲治術之研究　安志遠　淡江學報十三期
反智論與中國政治傳統　余英時　聯合報副刊六十五年一月十九日
漢賦研究　成世光　學術季刊五卷四期
漢代之散文　錢　穆　新亞「中國文學系年刊」第二期
兩漢經濟問題的癥結　韓復智　恩與言五卷四期
兩漢貨幣蠡測　趙連發　德明學報二期
兩漢與匈奴的和戰　傅啟學　社會科學論叢九期
五德終始說下的政治與歷史　顧頡剛　清華學報六卷一期
陰陽五行學說究原　戴君仁　大陸雜誌三十七卷八期
兩漢儒家諸子之研討　熊公哲　政大學報十五期
兩漢諸子之哲學思想　黃建中遺著　中國哲學會主編哲學論文第二輯
由漢代的經濟變動說明兩漢的興亡　傅築夫　文史雜誌四卷五、六期
漢代哲學的評價—兼評勞思光中國哲學史　亦稿　華僑日報六一、十二、廿五

三、其他參考書目

周易正義　唐孔穎達疏　藝文印書館影印本

尚書正義　唐孔穎達疏　藝文印書館影印本
毛詩正義　唐孔穎達疏　藝文印書館影印本
周禮注疏　唐孔穎達疏　藝文印書館影印本
儀禮注疏　唐賈公彥疏　藝文印書館影印本
禮記注疏　唐孔穎達疏　藝文印書館影印本
春秋左傳正義　唐孔穎達疏　藝文印書館影印本
春秋公羊傳注疏　唐徐　彥疏　藝文印書館影印本
春秋穀梁傳注疏　唐楊士勛疏　藝文印書館影印本
論語注疏　宋邢　昺疏　藝文印書館影印本
孟子注疏　宋孫　奭疏　藝文印書館影印本
尚書大傳　漢孔安國　商務四部叢刊本
尚書今古文注疏　清孫星衍　中華四部備要本
韓詩外傳　漢韓　嬰　商務四部叢刊本
毛詩傳疏　清陳　奐　藝文影印續經解本
毛詩會箋　日竹添光鴻　大通書局影印本
禮記集解　清孫希旦　商務萬有文庫本

大戴禮記補注	清孔廣森	商務叢書集成本
大戴禮記正誤	清汪　中	復興影印經解本
大戴禮記解詁	清王聘珍	世界書局影印本
周禮正義	清孫詒讓	中華四部備要本
論語正義	清劉寶楠	中華四部備要本
孟子正義	清焦　循	中華四部備要本
經典釋文	唐陸德明	鼎文影印通志堂本
經學歷史	清皮錫瑞	河洛圖書出版社影印本
經學通論	清皮錫瑞	商務人人文庫排印本
十三經概論	蔣伯潛	宏業書局影印本
四書課本	蔣伯潛	啟明書局排印本
經學解題	呂思勉	商務印書館排印本
論語會箋	徐　英	正中書局排印本
孟子文法課本	高步瀛	源流出版社影印本
大小戴禮記選註	王夢鷗	商務印書館排印本
中國經學史的基礎	徐復觀	學生書局排印本

史記	漢司馬遷	鼎文書局影印本
漢書	漢班固	鼎文書局影印本
後漢書	(劉)宋范曄	鼎文書局影印本
晉書	唐房玄齡	鼎文書局影印本
隋書	唐魏徵	鼎文書局影印本
舊唐書	(後)晉劉昫	鼎文書局影印本
新唐書	宋歐陽修	鼎文書局影印本
宋史	元托克托	鼎文書局影印本
明史	清張廷玉	鼎文書局影印本
史通通釋	唐劉知幾	里仁書局影印本
資治通鑑	宋司馬光	商務印書館四部叢刊初編本
中國古代史	夏曾佑	商務印書館排印本
中國史綱	黃大受	世界書局排印本
國史大綱	錢穆	商務印書館排印本
秦漢史	錢穆	三民書局排印本
秦漢史	李源澄	商務印書館排印本

秦漢史	勞　榦	中華文化出版會排印本
歷史哲學	牟宗三	學生書局刻印本
中國通史	傅樂成	大中國圖書公司排印本
周秦漢政治社會結構之研究	徐復觀	學生書局排印本
兩漢三國政治思想	王雲五	商務印書館排印本
漢代學術史略	顧頡剛	啟業書局影印本
中國政治思想史	陳安仁	商務書館排印本
中國政治思想史	楊幼炯	商務印書館排印本
中國政治思想史	薩孟武	三民書局排印本
中國社會政治史	薩孟武	三民書局排印本
中國政治思想史	蕭公權	聯經出版事業公司排印本
中國文學史（插圖本）	鄭振鐸	排印本
中國文學史	柳存仁	東方出版社排印本
中國文學史	葉慶炳	廣文書局排印本
中國駢文史	劉麟生	商務印書館排印本
中國散文史	陳　柱	商務印書館排印本

中國文學史大綱　容肇祖　文海出版社印行本
中國文學史大綱　顧　實　文海出版社印行本
增訂中國文學發展史　劉大杰　華正書局印行本
中國經濟思想史　唐慶增　商務印書館排印本
中國教育史　余書麟　師範大學出版組排印本
漢代以夷制夷政策　邢義田　台大歷史研究所碩士論文
古文僞書考　清姚際恒　聯華出版社影印本
僞書通考　張心澂　明倫出版社排印本
續僞書通考　鄭良樹　學生書局排印本
周秦漢魏諸子知見書　嚴靈峰編著　正中書局排印本
管　子　唐房玄齡注　中華四部備要本
荀子集解　清王先謙　藝文印書館影印本
莊子集釋　清郭慶藩　世界書局影印本
墨子閒詁　清孫詒讓　河洛圖書出版社影印本
老　子　晉王弼注　中華書局四部備要本

韓非子集釋	陳奇猷	河洛圖書出版社影印本
呂氏春秋	漢高誘注	中華四部備要本
孔子家話	魏王　肅	中華四部備要本
北堂書鈔	唐虞世南	宏業書局影印本
藝文類聚	唐歐陽詢	文光出版社影印本
太平御覽	宋李　昉	商務印書館影印本
黃氏日鈔	宋黃　震	商務印書館印行本
朱子語類	宋朱　熹	正中書局排印本
子　略	宋高似孫	廣文書局影印本
白虎通義疏證	清陳　立	鼎文書局影印本
諸子考釋	梁啟超	中華書局排印本
諸子纂要	蔣伯潛	正中書局排印本
儒家哲學	梁啟超	中華書局排印本
歷史哲學	牟宗三	學生書局影印本
中國哲學史	馮友蘭	太平洋圖書公司影印本
中國中古思想史長編	胡　適	胡適紀念館印行排印本

中國哲學史	鍾　泰	商務印書館排印本
中國哲學史	勞思光	三民書局排印本
中國學術思想大綱	林尹尹	學生書局排印本
中國中古思想史	郭湛波	龍門書店影印本
中國中古哲學史要	韓逋仙	正中書局排印本
兩漢哲學	周紹賢	文景書局排印本
中國哲學思想史	羅　光	學生書局排印本
秦漢思想研究	黃師錦鋐	學海出版社排印本
中國學術思想史	鄺士元	里仁書局排印本
兩漢思想史	徐復觀	學生書局排印本
先秦兩漢之陰陽五行學說	李漢三	維新書局排印本
藝文類聚一百卷	唐歐陽詢	文山出版社影印本
玉　海	宋王應麟	華文書局影印本
楚辭章句	漢王　逸	藝文印書館影印本
楚辭補註	宋洪興祖	藝文印書館影印本

楚辭集註	宋朱　熹	藝文印書館影印本
文心雕龍	梁劉　勰	開明書店影印本
文　選	唐李善註	藝文影印胡刻本
文　選	唐六臣註	商務四部叢刊本
司馬文正公傳家集	宋司馬光	商務印書館
經進東坡文集事略	宋蘇　軾	宋刊本
惜抱軒文集	清姚　鼐	四部備要本
呂晚村文集	清呂留良	陽湖錢氏活字本
小倉山房文集	清袁　枚	四部備要本